도시에 대한 권리

Le droit à la ville

도시에 대한 권리

앙리 르페브르 지음
곽나연 옮김

아 숲

일러두기

1. 이 책은 Henri Lefebvre, *Le droit à la ville*, 3e édition, préface de Remi Hess, Sandrine Deulceaux et Gabriele Weigand, Anthropos, 2009, 135p를 우리말로 옮긴 것이다.

2. 이 책의 영어판 Henri Lefebvre, *The Right to the City*, The Anarchist Library, 1996도 번역에 참고했다.

3. 외국 인명, 지명 등은 현행 외래어 표기법을 기준으로 표기하는 것을 원칙으로 했으나, 표기 원칙이 정해지지 않은 것은 일반적으로 통용되고 있거나 굳어진 표현을 사용했다.

4. 역자의 주석은 '역주'라고 표기했다.

5. 글 중에 사용된 ( )는 저자의 보충 설명이며, [ ]는 역자의 보충설명이다.

6. 원서의 이탤릭체는 태명조체로, ≪ ≫는 ' '로 표기했다.

앙리 르페브르 다시 읽기

 2009년은,『합과 나머지』[1]의 출간 50주년임과 동시에, 르페브르 연구에 새로운 기점이 될 것이 분명합니다. 올해는 철학역사상 가장 위대한 저서 중 하나인『합과 나머지』4판[2] 출간을 앞둔 상태에서 앙리 르페브르에 관한 다양한 저서[3]의 출간도 예고됐습니다. 게다가 최근 출간된 로랑스 코스트의 책[4]에 자극을 받아서 우리는 오늘날 다시 없을 이 책,『도시에 대한 권

---

1. *La somme et le reste*: 고등학생을 위한 책, *25 livres clés de la philosophie, analyses et commentaires*(25권의 주요 철학 서적, 분석과 논평), Bruxelles, Marabout, 1995, pp. 361-374에서 한 장(章)을 할애해 소개됐다.

2. Henri Lefebvre, *La somme et le reste*(합과 나머지), 1959, 제4판, Paris, Anthropos, 2009. 초판은 파리의 La nef 출판사에서 두 권으로 출판됐고, 두 번째 판(요약집)은 1973년 Bélaste 출판사에서 나왔다. 한 권으로 된 세 번째 완전판은 1989년 Méridiens Klincksieck 출판사에서 나왔다.

3. 특히 R. Hess(레미 에스), *Henri Lefebvre, vie, œuvres, concepts*(앙리 르페브르, 삶, 작품, 개념), Paris, Ellipses, 2009.

4. Laurence Costes, *Lire Henri Lefebvre, Le droit à la ville, Vers une sociologie de l'urbain*(앙리 르페브르 읽기, 도시에 대한 권리, 도시의 사회학을 향하여), Paris, Ellipses, 2009, 160 pages.

리』의 재출간을 결정했습니다. 이어지는 대담에서 레미 에스[5]와 상드린 될소[6]가 어떻게 이 책의 3판 편집을 맡게 됐는지 설명합니다.

상드린 될소(이후 S. D.) 레미 에스, 선생님은 『도시에 대한 권리』가 출간된 1967년 이후 줄곧 앙리 르페브르와 함께 일하셨는데, 혹시 최근에 르페브르의 사상이 새롭게 부각한다는 생각이 들지 않나요?

레미 에스(이후 R. H.) 1967년부터 앙리 르페브르와 함께했다는 표현이 더 정확할 겁니다. 당시에 저는 사회학 강의에 등록하고, 68년 5월 항쟁[7]이 시작될 B2 강의실[8]에서 그의 수업을 듣

---

5. Remi Hess(1947-): 프랑스 낭테르 대학에서 사회학을 공부하던 시절 앙리 르페브르를 만나 그가 사망할 때까지 그의 작품을 연구하고 그가 출간하는 저서의 편집자가 됐다. 파리 8대학 교육학과 교수를 역임하면서 80여 편 제자들의 박사 학위 논문을 지도했다. 프랑스 여러 출판사에서 350명 저자의 책을 편집했으며 그 자신도 80여 편의 저술을 남겨 전 세계 12개국 언어로 번역됐다. 역주.

6. Sandrine Deulceux: 파리 알베르 드-멩 고등학교 교사로 앙리 르페브르에 관한 논문으로 석사 학위를 받았다. 역주.

7. 프랑스 68년 5월 항쟁은 기존 세대와 가치에 반발하는 젊은 세대를 주축으로 하여 학생들과 노동자의 파업으로 이어진 저항운동이다. 5월 항쟁 자체는 실패했다고 말하지만, 평등주의, 인간성 회복 등, 진보적 가치를 주창한 사상은 이후 프랑스 사회 전반에 걸쳐 큰 영향을 끼쳤다. 역주.

8. 파리 낭테르 대학에 있는 2,000명 규모의 대강의실. 지금은 '앙리 르페브르 강의실'이라고

는 학생이었기 때문이죠. 저는 그가 지도한 마지막 학생으로, 1973년에 도시 사회학 석사 학위를 받았습니다. 이후에는 그의 동료이자 친구이며 편집자가 됐죠. 앙리 르페브르는 세르주 존스가 앙트로포 출판사의 대표 편집자로 있던 1967년 6월 20일에 『도시에 대한 권리』의 출간계약서에 서명했습니다. 그리고 아시다시피 책은 1968년 3월에야 세상에 나왔죠. 올해 로랑스 코스트가 출간한 자기 책에서 강조했듯이 『도시에 대한 권리』와 '절정에 달한 낭테르의 폭발' 사이에는 긴밀한 관련이 있습니다. 68년 5월 혁명은 정확히 3월 22일에 시작됐고, 더 나아가 1967년 말의 혼란스러운 상황의 연장선상에서 촉발됐기 때문이죠. 그리고 여기에는 앙리 르페브르가 깊이 관여돼 있습니다! 로랑스 코스트의 책은 『도시에 대한 권리』를 관통하는 르페브르 사상의 탄생 시점을 1968년의 혁명과 연관지어 재구성했다는 점에서 탁월하다고 하겠습니다.

S. D. 『도시에 대한 권리』가 당시의 사회 운동과 깊은 관련이 있다는 사실은 지극히 명백합니다. 그런데 1968년을 기념하는 행사들을 살펴보면 5월 혁명을 촉발한 사상이 무엇이었는지 잊

부른다. 역주.

어버린 것 같습니다. 그 공을 알튀세르, 레비 스트로스, 라캉, 푸코에게 돌리곤 하는데, 이것은 순서가 바뀐 얘기예요. 뤽 페리[9]의 의견과 달리 이 사람들은 혁명에 아무것도 기여하지 않았어요! 오히려 낭테르에서 시작된 혁명의 근원을 앙리 르페브르와 그의 교수진(르네 루로[10], 장 보드리야르 외 여러 명) 쪽에서 찾아야 옳습니다. 물론 1958년 UNEF[11]부터 1962년 로요몽 회의[12]에 이르기까지 운동권의 집단역학과 제도적 분석에 기여한 조르주 라파사드의 업적도 잊어서는 안 되겠죠.

R. H. 맞습니다! 1968년 낭테르를 직접 겪은 우리로서는 학생운동으로부터의 '회복'을 파리 고등사범학교[13] 실세들이 맡는다는 것이 믿을 수 없는 일이었어요. 1968년 5월 혁명은 대학의 학자들이 아니라, 일반인들이 일으켰던 사건이니까요. 르페

9. 전문지 *Pouvoirs*(권력), n° 39, tome 39: Mai 1968, 10 Feb. 1994에 실린 글. 역주.

10. René Lourau(1933-2000): 정치학자, 교육학자. 파리 8대학 교수를 역임했다. 역주.

11. Union Nationale des Étudiants de France: 전 프랑스 학생 연합. 1907년 조직된 이래 사회 다양한 분야에서 학생들의 의견을 대변했다. 여기서는 1958년 알제리 전쟁에 반대하는 학생들에 관한 라파사드의 논문 발표를 의미한다. 역주.

12. Rencontre de Royaumont: 분석 철학을 주제로 프랑스 로요몽에서 열린 철학 대회 라파사드는 여기서 사회심리학자로서 제도 분석에 관한 구체적 개념을 정립하고 발표했다. 역주.

13. École Normale Supérieure de Paris: 파리에 있는 과학 인문 대학교, 파리정치대학, 국립행정학교와 더불어 프랑스 최고의 엘리트 학교로 평가받는다. 역주.

브르는 고등사범학교 출신도 아니고, 교수 자격증도 없었습니다. 그는 1920년대 파리에서 택시 운전을 하면서 소르본 대학에서 사회학 공부를 했어요. 그 후에는 유럽 대륙을 도보로 여행하고(1930년대에 도보로 독일을 횡단했고 이탈리아에도 갔습니다), 이어서 전 세계를 여행하면서 도시에 대한 자신의 사고를 확장했습니다. 우리가 간과하지 말아야 할 사실은 낭테르 대학이 판자촌 한가운데 세워졌다는 점입니다. 울름길[14]과는 전혀 다른 환경이란 말예요! 르페브르가 중요하게 생각했던 '행동주의적 실천'의 측면에 가깝지요![15] 반면에 알랭 바디우가 앙리 르페브르에 관한 세미나를 한다는 것은 상상하기 어렵지요. 고등사범학교 출신에게 논평을 받으려면 고등사범학교 출신이어야 할 테니까요!

가브리엘레 베이강[16](이후 G. W.) 로랑스 코스트가 5월 혁명과 도

---

14. Rue de l'Ulm : 파리 5구에 있는 길로, 고등사범학교를 말한다. 역주.

15. Hugues Lethierry(위그 르티에리), *Apprentissages militants*(행동주의적 교육), Lyon, La Chronique sociale, 2009.

16. Gabriele Weigand(1953-): 독일의 교육학자. 2004년부터 카를스루에 교육대학교 교수로 재직 중이다. 독일 뷔르츠부르크 줄리우스 막시밀리안 대학과 프랑스 보르도 몽테뉴 대학에서 수학했으며 1983년 프랑스의 교육 기관에 관한 논문으로 뷔르츠부르크 대학에서 교육학 박사 학위를 받았다. 『인간 중심의 인재개발(*Personorientierte Begabungsförderung*)』 (2014) 등 교육 개발 분야 몇 편의 저술을 남겼다. 역주.

시권이라는 개념 생성 사이의 연관성을 보여준 것은 확실히 이치에 맞는 것 같습니다. 레미 에스, 선생님이 『공간의 생산』[17]의 4판 서문에서 강조했듯이, 로랑스 코스트는 1968년과 1974년 사이에 도시에 대한 르페브르의 생각이 깊어졌음을 상기시킵니다. 도시에 관한 모든 책이 이 시기에 나온 것은 사실이에요. 전 세계적으로 도시가 성장하고 그에 따라 도시 투쟁도 증가하는 상황이었어요.

R. H. 로랑스 코스트의 말이 옳습니다. 하지만 동시에, 변증법적으로 접근하자면 1940-1960년에 쓴 글을 빼놓으면 안 되겠죠. 르페브르는 토스카나에서, 그리고 캉팽 계곡에서 농촌 사회학 연구를 진행했습니다. 그리고 이런 연구 주제를 거쳐 도시 문제에 관심을 보이게 됐죠. 『농촌적인 것에서 도시적인 것으로』[18]는 이 순차적 이행 과정을 잘 보여줍니다. 또 이런 연구의 실마리는 『코뮌 선언』[19], 심지어 『메타 철학』[20]에서도 발견됩니다. 『도시에 대한 권리』에서 볼 수 있는 도시와 철학의 관계

---

17. Henri Lefebvre, *La production de l'espace*, Paris: Anthropos, 1974.

18. *Du rural à l'urbain*, 1970, Anthropos. 역주.

19. *La Proclamation de la Commune*, 1965, Gallimard. 역주.

20. *Métaphilosophie*, 1965, Éditions de Minuit. 역주.

에 대한 생각은 이 시기에 시작됐죠.

G. W. 저는 위그 르티에리[21]의 『앙리 르페브르와 함께 생각하기』[22]라는 책이 매우 흥미로워 보입니다. 왜냐면 이 책은 한 분야나 영역, 특정 시기의 업적만을 다루지 않고, 사상가로서 르페브르의 전반적인 행보를 다루거든요. 그는 르페브르의 작품을 여러 측면에서 보여주지만, 항상 전체적인 맥락을 염두에 둡니다. 르페브르의 다양한 작업을 이해하기는 어렵고 시간도 많이 필요합니다. 하지만 『도시에 대한 권리』를 제대로 이해하려면 그의 생각을 깊이 파고들어야 합니다!

R. H. 맞습니다. 전체적인 맥락에서 당시 상황을 변증법적으로 파악하지 않고는 그 시점에서 르페브르의 도시에 대한 생각을 이해하기는 불가능하죠.

---

21. Hugues Lethierry(1943-): 프랑스의 철학자, 교육자. 파리 소르본 대학과 낭테르 대학에서 수학하던 시절부터 앙리 르페브르와 교류했다. 시노페의 디오게네스, 키니코스 철학, 블라디미르 얀켈레비치, 앙리 르페브르 전문가. 역주.

22. Hugues Lethierry, *Penser avec Henri Lefebvre*, Lyon, La Chronique sociale, 2009.

G. W. 40여 년 전부터[23] 제도주의자[24]들은 앙리 르페브르와 일해왔습니다. 르네 루로는 이것을 1989년판 『합과 나머지』의 서문(로랑스 코스트가 자신의 참고문헌 첫 줄에 기록할 만한 이유가 있었던)에서 증언한 바 있죠. 그런데 우리의 연구라든지 『앙리 르페브르와 함께 생각하기』와 거의 동시에 등장하는 로랑스 코스트의 책을 제외하고 말하자면, 위그 르티에리가 했던 것

---

23. 1975-1978년 르페브르가 국가 문제를 연구할 때 우리는 그와 르네 루로와 함께 가상의 대학을 구상했다. 앙리 르페브르는 네 권으로 구성된 *De l'État*(국가에 관하여), Union générale d'éditions, 1976; 1권 *L'Etat dans le monde moderne*(근대 세계의 국가), 2권 *De Hegel à Mao par Staline: la théorie "marxiste" de l'Etat*(헤겔에서 스탈린을 거쳐 마오까지, "마르크스주의" 이론의 국가), 3권 *Le mode de production étatique*(국가의 생산 방식), 4권 *Les contradictions de l'Etat moderne*(근대 국가의 모순)을 출간했고, 4권을 르네 루로와 나(레미 에스)에게 헌정했다. 르네 루로는 *L'État inconscient, Paris, Éditions de Minuit*(무의식 국가, 1978)를 출간했는데, 지금 돌아보면 그가 쓴 18권의 저서 가운데 가장 뛰어난 작품인 듯하다. 나는 1978년 *Centre et périphérie*(중심과 주변, *2e éd., Anthropos*, 2001)를 출간하면서 거기서 '르페브르 효과'를 언급했다.

24. 제도(institution)적 분석은 프랑스의 고유한 연구 방식으로 제도가 변증법적으로 제시한 정의에 따라, 그리고 그런 개입에 따른 분석에 따라 사실에 접근하는 방식을 말한다. 따라서 제도 분석은 이론이자 동시에 연구-행동의 과정에 자리 잡는 제도적 실천이다. 이런 경향은 1943년 프랑스의 정신과 의사 F. 토스켈이 로제르 지역 생탈방 정신병원에서 처음으로 환자들을 여러 가지 관료주의적 금지 조항에서 해방하면서 시작됐다. 그리고 이것이 장 우리(Jean Oury)나 펠릭스 가타리(Félix Guattari) 같은 연구자들의 시도로 이어지면서 정신분석학과 심리사회학, 정치학 분야에 접점을 형성했다. 1960년대에는 이 방식이 교육학 분야에도 영향을 미치면서 라파사드(G. Lapassade), 루로 같은 연구자들의 정치적 자주관리적(autogestionnaire) 관점으로 표현됐다. 그들은 특히 이런 제도적 분석 모델을 심리사회학과 사회학 분야에 적용하면서 '제도적 사회분석'을 정립했다. 그것은 분석을 개념화할 목적으로 실험실 역할을 하게 하는 양상을 띠었다. 연구자의 개입이 실험실 역할을 하는, 개입에 바탕을 둔 제도적 분석의 형태인 제도적 사회분석이 태어난 것이다. 르페브르와 그의 동료는 이런 제도적 분석을 수용한 학자들이었다. 역주.

처럼 르페브르를 있는 그대로 받아들이고 그의 횡단성[25]을 깊이 파고 들어 연구한 프랑스 학자는 전혀 없는 상황입니다.

R. H. 1991년 우리 스승이 세상을 떠난 이래, 그의 작품에 관한 수십, 수백 편의 프랑스어 기사가 나왔지만,[26] 1988년[27]과 2009년 사이에 르페브르의 언어로 된 총론[28]조차 없었어요!

S. D. 앙리 르페브르에 관해 영어, 독일어, 한국어, 스페인어, 포르투갈어로 출간된 책이 50종이 넘습니다. 주로 도회지, 공간,

---

25. traversalité: 개별성을 보존하면서도 그 개별성 사이의 교차, 횡단, 소통을 통해 일련의 연대적, 집합적 공동성을 이루는 것을 말한다. 역주.

26. 2001년 르페브르 탄생 백 주년을 맞아, 파리 8대학에서는 5일간 진행된 심포지엄을 통해 이를 기념했고, 프랑스에 르페브르에 관련된 두 종의 잡지가 출간됐다. 첫 번째는 '합과 나머지'라는 디지털 잡지이고, 두 번째는 파리 8대학에서 출간된, 전 세계 여러 문화의 제도적 분석을 주제로 한 인쇄물 *Les irrAIductibles*(고집스러운 사람들)이다. 이 두 잡지는 이미 각각 15호가 출간됐다. 나는 이 두 잡지에 모두 관여하고 있다.

27. R. Hess, *Henri Lefebvre et l'aventure du siècle*(앙리 르페브르와 세기의 모험), Paris, Métailié, 1988, 360p.

28. 우리는 르네 루로나 미셸 트레비치(Michel Trebitsch) 같은 훌륭한 르페브르 전문가들이 자신의 연구를 종합한 책을 출간하기도 전에 사망한 것을 유감스럽게 생각한다. 르페브르 생전에 미셸 트레비치는 *Le nationalisme contre les nations*(국가에 반하는 민족주의), Méridiens-Klincksieck, coll. 'Analyse institutionnelle'(1988) 2판 출간에 참여했다. 르네 루로는『합과 나머지』(1989) 3판의 서문을 작성했다. 르페브르 사후 루로는 *Pyrénées*(피레네), Cairn(2000)의 서문을 썼던 트레비치가 2004년 사망할 때까지 르페브르 연구를 계속했다.

도시에 대한 그의 연구와 관련된 책이지만, 『일상생활 비판』[29]
이라든가 마르크스에 관한 강의 등 그의 철학적 기여에 관한
작품들도 찾아볼 수 있습니다.

R. H. 르페브르 사후에 실렙스[30] 출판사와 앙트로포[31] 출판사에

29. Henri Lefebvre, *Critique de la vie quotidienne*(일상생활 비판), 1947, Paris, Grasset;
Critique de la vie quotidienne II, Fondements d'une sociologie de la quotidienneté(일상생
활 비판 II, 일상의 사회학적 기초), 1961, Paris, L'Arche; *Critique de la vie quotidienne, III.
De la modernité au modernisme, Pour une métaphilosophie du quotidien*(일상생활 비판
III, 일상의 메타철학을 위하여), Paris, L'Arche 1981. 역주.

30. 실렙스(Syllepse) 출판사에서는 1991년 이후 앙리 르페브르에 관한 책을 출간했다:
- *Éléments de rythmanalyse, Introduction à la connaissance des rythmes*(리듬 분석 요소
들, 리듬 지식 입문), préface de René Lourau, 1992.
- *Mai 1968, l'irruption de Nanterre au sommet*, préface, postface et prolongements par
René Lourau, René Mouriaux et Pierre Cours-Salies(1968년 5월, 『절정에 달한 낭테르
의 폭발』, 르네 루로와 르네 무리오, 피에르 쿠르-살리의 서문, 후기, 부록), 1998.
- *La conscience mystifiée, suivi de La conscience privée*, préface de Lucien Bonnafé et
René Lourau en collaboration avec Nobert Gutterman(신비화된 의식, 사적인 의식[합본],
루시앵 보나페와 르네 루로의 서문, 노버트 구터만과 공동 작업), 1999.
- *Métaphilosophie*, préface de Georges Labica(메타철학, 조르주 라비카의 서문), 2000.
- *Nietzsche*, préface de Michel Trebitsch(니체, 미셸 트레비치의 서문), 2003.

31. 파리, 앙트로포(Anthropos) 총서에서 레미 에스가 편집하거나 재편집한 르페브르의 저
서들:
- (2000), 4판, 『공간의 생산(*La production de l'espace*)』, 485p., 4판의 서문으로 '앙리 르페
브르와 공간에 대한 생각'(p. V-XXVIII)
- (2000), 2판, 『공간과 정치(*Espace et politique : le droit à la ville II*)』, 174p., R. Hess의 서
문 '앙리 르페브르와 도시', p.1-6. 사실 이것은 3판으로 봐야 한다. 왜냐면 Point 총서(Seuil
출판사)에 포함됐던 『도시에 대한 권리』의 2판은 전문지 『도시와 사회(*Espaces et Sociétés*)』
(1974)에 게재됐던 내용을 보충했기 때문이다.
- (2001), 3판, 『농촌적인 것에서 도시적인 것으로(*Du rural à l'urbain*)』, 300p., R. Hess의

서 진행했던, 탁월한 20여 편의 철학 작품을 프랑스 대중에게 소개했던 편집 작업을 제외하고는, 96명 그의 예전 박사과정 졸업생 가운데 누구도 르페브르 사상에 대한 참고문헌을 작성한다거나 자기 학생들이 그에 관한 심도 있는 연구를 시작하도록 독려하지 않았어요. 위그 르티에리가 지적했듯이 그들은 대체로 다른 것을 베끼는 쪽을 택했습니다! 하지만 앙리 르페브르는 헤겔, 니체, 마르크스, 엥겔스에 관한 글을 씀으로써 자

서문 '제3판의 소개'(p. V-XXVI)

- (2001), 2판, 『실존주의(*L'existentialisme*)』, 252 p., R. Hess의 2판 서문 '철학자 앙리 르페브르'(p. VI-XLVIII)

- (2001), 2판, 『역사의 종말(*La fin de l'histoire*)』, 216p., R. Hess의 서문 '편집자의 주석'(p. V-VIII), 피에르 란츠(Pierre Lantz)의 '제2판의 소개'(p. IX-XXII)

- (2001), 2판, 『라블레(*Rabelais*)』, 214p., R. Hess의 2판 서문 '앙리 르페브르의 탄생 백 주년'(p. VII-XX), 크리스틴 멜로리-몸베르거(Christine Delory-Momberger)의 서문 '역사적 유물론에 노출될 위험을 무릅쓰고 앙리 르페브르에 의거한 문학'(p. XXI-XXVIII)

- (2001), 2판, 『미학에의 기여(*Contribution à l'esthétique*)』, 134p., R. Hess의 서문 '앙리 르페브르와 창조적 활동'(p.V-LXXIII). 미셸 트레비치가 이 책의 소개글은 레미 에스의 작업을 위해 르페브르의 작품을 사용했다고 말할 정도로 길었다. 완전히 틀린 말은 아닌 것이, 여기서 르페브르의 글은 너무 짧아서 소개글의 부연 설명이 편집 면에서 필요했다. 르페브르에게 작품을 생각한다는 것은 최상위의 중요성이 있었다. 이런 관점에 대한 성찰의 연장선상에 '앙리 르페브르와 가능성의 사고'(2009)가 있다.

- (2002), 『과학의 방법론(*Méthodologie des sciences*)』, 앙리 르페브르의 미출간본, 225p., R. Hess의 서문 '앙리 르페브르와 변증법적 유물론 조약의 중단된 프로젝트'(p. V-XXVI)

- (2002), 3판, 『자본주의의 생존, 생산관계의 재생산(*La Survie du capitalisme. La reproduction des rapports de production*)』, 225p., Jacques Guigou, '제3판의 서문'(p. V-XIV), R. Hess의 발문 '상부구조 비판에서 제도적 분석에 이르기까지 보이지 않는 대학에서 앙리 르페브르의 위치'(p. 197-214)

- (2009), 4판, 『합과 나머지』, 780p., R. Hess와 G. Weigand의 서문 '내부 기관의 분석 매뉴얼'

- (2009), 3판, 『도시에 대한 권리』

신만의 고유한 생각을 만들어낼 수 있음을 보여줬습니다. 자기 생각을 남의 생각과 대조하는 작업이 필요하니까요. 위그 르티에리의 통찰 덕분에 앙리 르페브르가 마르크스를 통해 그랬듯이 우리도 40년간 르페브르와 함께 생각해왔다는 사실을 깨달았습니다. 그는 마르크스주의자였습니다. 우리는 르페브르주의자입니다만, 한 번도 그를 절대적 존재로 만든 적이 없습니다. 왜냐면 우리는 제도 분석 이론가들은 물론, 비판적 이론가들의 생각에도 맞서 그의 작품을 대해야 했기 때문입니다.

G. W. 핵심적인 철학 저작물들의 출판권을 보유한 갈리마르 출판사가 1980년 이후 잊혀서 밑바닥에 가라앉아 있는 작품들을 재출간하기만 해도 좋을 텐데요! 르페브르의 프랑스어 저술의 상당 부분은 접근이 지극히 제한적이에요! 에른스트 블로흐[32]나 앙리 르페브르처럼 오늘날 전 세계적으로 미래에 대한

---

32. Ernst Bloch(1885-1977): 독일의 철학자. 초기에는 저작 『유토피아의 정신(*Vom Geist der Utopie*)』(1918)에서 볼 수 있듯이 유대 종말관과 마르크스–헤겔적 요소가 융합된 혁명적 낭만주의가 사상적 기조를 이뤘다. 나치를 피해 미국으로 망명했다가 주요 저서인 『희망의 원리(*Das Prinzip Hoffnung*)』(1954-1959)를 썼다. 인간 내면에 있는 희망을 미래로 향하는 긴장으로 받아들이고, 이를 미의식(未意識 noch-nicht-Be-wußte)으로 규정하고, 이 미의식의 생성을 미래를 향해 여는 것이 철학이라고 주장했다. 그렇게 미완의 주체, 인간의 최종상태(Endzustand)를 향한 자기실현 과정을 현실(역사)로 이해하고 마르크스주의에 새로운 가치를 부여했다. 역주.

비전을 보여주는 작가들의 작품을 갈리마르는 재출간해야 합니다. 블로흐의 『희망의 원리』[33]나 르페브르의 『차별주의자 선언』[34] 같은 책은 오늘날 많은 사람에게 필수불가결한 작품입니다! 『코뮌 선언』의 재발행은, 오늘날 필연적으로 준비된 혁명이 축제처럼 여겨지게 할 겁니다! 『언어와 사회』[35] 『현대 세계의 일상생활』[36]을... 우리는 간절히 그리워합니다. 우리는 프랑스 비평 이론의 일차원적 담론에 만족하지 못하는 수많은 학생에게 이런 책들을 다시 읽어주고 싶습니다.

S. D. 앙리 르페브르, 조르주 라파사드, 르네 루로, 장 우리 같은 저자가 자크 데리다, 미셸 푸코 같은 사람들보다 우월한 점은 그들의 비판 작업이 참여나 실천과 함께 이뤄진다는 데 있어요. 앙리 르페브르는 공산당 내부에서 역할을 맡았고, 도시 관련 실무도 했고, 일상생활 비판의 도구도 제공했고, 개입 사회학[37]을 실천했습니다. 북미에서는 앙리 르페브르를 '포스트모

---

33. Ernst Bloch, *Das Prinzip Hoffnung*, 1959, Suhrkamp, Frankfurt am Main. 역주.

34. Henri Lefebvre, *Le manifeste différentialiste*, Paris, Gallimard, 1970. 역주.

35. Henri Lefebvre, *Le langage et la societe*, Idees NRF, 1968. 역주.

36. Henri Lefebvre, *La vie quotidienne dans le monde moderne*, Paris, Gallimard, 1971. 역주.

37. 앞서 각주 24에서 설명했듯이 연구자의 개입이 실험실 역할을 하는 제도적 분석의 특징

더니즘의 아버지'라고 부르던데, 이런 표현은 적절치 않다고
봐요. 앙리 르페브르는 근대성의 사상가입니다. 마법을 믿지
않는 세상 사람들이 불가능을 말하는 동안, 그는 가능성을 생
각합니다.

R. H. 그건 사실이지만, 동시에 미주 사람들의 관심은 르페브르
작품 발전에 이바지합니다! 『공간의 생산』은 1974년 이래 프
랑스에서 지속적으로 출판됐다고는 해도, 영어 번역판이 최근
10년 만에 3만 부가 팔렸다는 사실은 르페브르의 도시 연구의
중심이 대서양 건너편으로 이동하고 있음을 말해줍니다.[38]『도
시 혁명』[39]이 최근에 출간된 라틴 아메리카의 브라질만 봐도,
2001년 이래 르페브르에 관한 책이 10종이나 출간됐습니다.
이와 반대로, 프랑스에서는 앙리 르페브르가 철학과 사회학의

을 포함한 사회학을 말한다. 역주.

38. 영어로 된 작품 중에서 중요성을 강조할 필요가 있는 것들이 있다:
- Henri Lefevbre, *Writings on Cities: Henri Lefebvre*(도시에 대한 글 모음: 앙리 르페브
르) translated and edited by Elisabeth Lebas and Eleonore Kofman, Blackwell Publishing,
250p, 1996. 2004년까지 6판 출간.
- Henri Lefevbre, *Henri Lefebvre, Key Writings*(앙리 르페브르, 핵심 글 모음), ed. by
Stuart Elden, Elisabeth Lebas and Eleonore Kofman, Continuum, New York, London,
284p, 2003.

39. Henri Lefebvre, *La révolution urbaine*, Paris, Gallimard, Paris, 1970. 역주.

많은 분야에서 잊혔습니다. 한 가지 예외라면, 앙리 르페브르를 수업 프로그램에 지속적으로 포함시키는 그르노블 대학 사회학과의 바바라 미셸 교수의 사례가 있겠군요.

G. W. 프랑스인들은 왜 르페브르를 잊으려고 했을까요?

R. H. 그 답은 『합과 나머지』에 있습니다. 왜냐면, 르페브르에게는 적이 많이 있었기 때문이죠. 1925년과 1955년 사이의 정당 시대[40]에 독단적인 사람들이 있었는데, 주로 알튀세르 학파의 우수한 '학교 사람들'이었습니다. 제가 이미 언급했듯이 그들은 '어중이떠중이들'에 대한 고결한 공포를 느끼고 있었습니다. 유일하게 르페브르에게 신실했던 고등사범학교 출신에는 사르트르가 있는데, 놀라운 사실은 그들이 르페브르를 힘들게 했던 것만큼이나 사르트르에게도 가혹했다는 겁니다. 결국 사르트르는 대학 강단을 포기했죠! 철학, 사회학, 역사 분야에 또 다른 적들도 있었습니다. 우파의 생각은 그에게 그다지 너그럽지 못했어요! 우파의 증오를 이런 식으로 설명한다손 쳐도, 알랭 투렌이 속한 개혁주의자들 중심에서 또 다른 공격적인

---

40. 르페브르가 프랑스 공산당 활동에 적극적으로 참여했던 시기. 역주.

면이 나타납니다.

S. D. 선생님은 분명히 2001년 '오늘날의 앙리 르페브르'라는 주제로 『도시계획』 저널에 게재된 인터뷰를 『합과 나머지』 4판 서문에서 인용한 적이 있죠.[41] 르페브르가 사망하고 10년이 지났지만, 알랭 투렌은 아직도 앙심을 품고 있어요! 그가 티에리 파코와 코린 마르탱에게 털어놓은 적이 있는데(p. 19-20) 그 대목을 인용해볼게요. "나는 르페브르와 접점이 전혀 없었을 뿐 아니라, 우리는 정말로 서로 거리가 멀다고 생각합니다. 그의 자질을 인정한다고 해도, 나는 르페브르를 싫어했어요. 근본적으로 르페브르는 이해하기 쉽다는 이유로 약간의 속임수가 가미된 공산주의 담론을 유지하는, 수사학자에 불과합니다. 그는 매우 영리했지만, '내가 최고'라며 으르렁거리는 사자처럼 매우 불쾌한 사람이었습니다. 68년에 그는 테이블 밑에 숨어서 지냈어요. 한 달 내내 그를 본 사람이 없었습니다! 르페브르는 공산주의적 체제에 유연함을 더한 세대에 속하니, 그렇지 못했던 사람들보다야 낫겠지요. 하지만 나는 그의 생각에서 혁신적인 요소를 거의 찾을 수 없었습니다. 그의 『일상생활

41. *Urbanisme*, no 319(2001년 7-8월호).

비판』은 과대평가됐어요. 사실을 말하자면, 게오르크 짐멜 이래 모든 사회학자는 일상생활을 연구했습니다. 내 관점에서는 개념의 부재에 가깝고, 이것은 '도시'라는 주제보다 더 심해요. 사회학적 분석의 과제는 개념 간 소통 기능을 재발견해서라도 복잡하게 꼬인 것들을 풀어내는 데 있습니다. 나는 르페브르 무리 가운데 그의 교수진에 있던 르네 루로와는 사이가 몹시 나빴습니다. 그와는 반대로, 또 다른 인물 장 보드리야르에게 는 항상 큰 경외감을 품고 있었습니다."

G. W. 투렌의 평가에 동의하지 않습니다. 믿을 수 없어요!

R. H. 우리의 목적은 알랭 투렌의 말을 반박하기보다 앙리 르 페브르의 생각이 중도주의가 아니라는 점을 강조하는 데 있어요. 그는 중도주의 사상가가 아니라 변증법적 사상가입니다. 그는 논쟁적이고 맞서 싸웁니다. 예를 들어, 그는 1967년에 『도시에 대한 권리』의 머리말에서 다음과 같이 썼습니다: "이 글은 공격적인 형식을 띨 것이다(누군가는 그것을 불쾌하다고 느낄 수도 있다)…" 앙리 르페브르는 (사르트르와 마찬가지로) 사회 참여적일 뿐 아니라 거기에 직접 개입했던 사회학자였습니다.

이것은 우리가 되짚어야 할 매우 중요한 측면입니다!

S. D. 사회 개편이라는 명목으로 혁명적 직관의 조각들을 모아 붙이던 자들의 손에 앙리 르페브르와 조르주 라파사드, 르네 루로 같은 사상가들의 생각은 묻혀버렸습니다. 그들이 비판했던 한 가지는 개입, 다시 말해 말하려는 명확한 지점을 분석에 포함했다는 점입니다. 르페브르, 라파사드, 루로는 그들이 말하는 지점을 규정하고, 그것을 분석합니다. 이런 관점에서, 『합과 나머지』와 『도시에 대한 권리』의 관계를 살펴봐야 합니다.

R. H. 『합과 나머지』는 비범한 비평적 자서전이에요! 그것은 참여 선언입니다! 또한, 행동 지침입니다. 그가 57세에 쓴 이 책에는 향후 30년간 수행할 일의 미래를 설명합니다. 자신에 대한 이 후진-전진[régressive- progressive] 작업에 르페브르보다 더 뛰어난 사람이 있을까요? 나는 어디에 있고(1959년에 그는 30년간 활동했던 정당에서 막 쫓겨난 참이었습니다.), 어디에서 왔으며, 어디로 갈 수 있는가? 르페브르는 사회학적 대상을 포착하고, 정치적 분석을 제시할 때 사용하던 방법을 바로 자기 자신에게 적용합니다.

G. W. 사르트르가 르페브르에게서 가져온 것이 바로 이 후진-전진 방법이었죠. 사르트르는 『방법의 문제』[42]와 『변증법적 이성 비판』[43]에서 르페브르에게 대단한 경의를 표합니다! 르페브르는 이 자기 분석에서, 자기 형성에 관한 800쪽에 달하는 성찰에서, 평생 교육을 위한 선언문에서 추후 30가지 언어로 번역될 30권의 중요한 저서를 생산합니다!

R. H. 제도적 분석 관점에서 볼 때, 『합과 나머지』는 조르주 라파사드가 '내적 분석[analyse interne]'이라고 부르는 이론의 기초인 셈입니다. 이 글에서 앙리 르페브르는 공산당의 기능을 분석합니다. 소외 문제를 성찰하는 그의 작업, 독단주의를 비판하는 그의 작업은 분석에 바탕을 두고 있기에 정말로 강력합니다. 공산당이 선거에서 30%를 득표했던 시절에 이것은 핵심적인 작업이었어요. 만약 올해 우리가 이 작품을 즐겁게 다시 읽었다면, 그것은 르페브르의 분석이 어떤 기관에도 적용

---

42. Jean-Paul Sartre, *Questions de méthode*. 1957년 잡지에 발표됐으나 1960년 *Critique de la raison dialectique*(변증법적 이성 비판)의 서설로 포함됐다. 역주.

43. *Critique de la raison dialectique I : Théorie des ensembles pratiques*(변증법적 이성 비판, 실천적 총체들의 이론), Paris, Gallimard, 1960; *Critique de la raison dialectique II: L'intelligibilité de l'histoire*(변증법적 이성비판 II, 역사의 가지성), Paris, Gallimard, 1985.

될 수 있는 것처럼 보였기 때문일 거예요. 존재라는 행동 주체를 방해하려는 독단주의자는 어디에나 있기 마련이에요! 과학의 세계에, 특히 대학에 말입니다!

G. W. 『합과 나머지』는 제도에도 불구하고 자신을 정립하려는 사람을 위한 선언문입니다. 이 책은 제도 속에 있는 사람을 위한 이론입니다!

S. D. 『합과 나머지』의 50주년이 되는 올해, 위그 르티에리, 로랑스 코스트와 레미 에스가 올해 출간한 책들은 르페브르에 대한 연구를 다시 시작하라고 독려합니다. 추가로 어떤 작업을 진행할 수 있을까요?

R. H. 재출간의 계획은 많이 있어요. 르페브르의 데카르트나 파스칼에 관한 연구서뿐 아니라 전문지 기사도 재편집해서 출간하고 싶습니다. 그리고 또 총체적인 분석이 나오게 자극하고 싶습니다... 로랑스 코스트의 책이 우리가 『도시에 대한 권리』를 재발행하게 부추겼던 것처럼 말이죠! 상드린 될소와 카렌 일리아드는 데카르트 출판사 책들의 재출간을 준비하고 있습

니다!

G. W. 왜 오늘날 프랑스에서 앙리 르페브르의 생각을 둘러싼 작은 동요가 있을까요? 위그 르티에리의 연구가 지난 수십 년 간 잠들어 있던 프랑스의 사회학을 일깨운 걸까요? '그를 아는 사람들'을 찾아가 보는 것도 분명히 훌륭한 연구 작업이 될 겁니다. 책은 그것을 만들려고 노력하는 과정만으로도, 그 책이 존재하기도 전에 이미 분석 장치가 되니까요. 그리고 그것은 추후 주제가 될 수도 있는 일련의 연구 대상을 발견하게 도와줍니다. 장 우리가 말했듯이 르페브르와 함께했던 모든 이의 '통합'을 되찾을 수 있습니다!

S. D. 레미 에스 선생님의 『앙리 르페브르와 가능성의 사고, 자아의 순간들과 구성 이론』[44] 독자는 이렇게 말했습니다.

　지난 몇 달 동안 내가 읽은 작품들은 '위기'라는 한 가지 주제

---

44. R. Hess, *Lefebvre et la pensée du possible, Théorie des moments et construction de la personne*(앙리 르페브르와 가능성의 사고, 자아의 순간들과 구성 이론), Paris, Anthropos, 2009, 700p. 가브리엘레 베이강 서문, *Histoire et sociologie*(역사와 사회학)(p. V-XX). 이 잡지의 1호 디지털판이 온라인에 게재됐으며, 2008년 파리 8대학의 웹사이트에 참조됐다.

만을 다루고 있었습니다. 그것은 우울한 일이지요! 당신의 작품은 희망과 기대를 전하는 미풍이자, 회오리바람입니다.

앙리 르페브르에 대해 작업하고, 그와 함께 생각하는 것은 세상을 다르게 보이게 합니다! 우리는 앙리 르페브르가 우리에게 오늘날 우리의 것인 세계에 맞서기 위한 관념과 힘을 준다고 느낍니다. 물론 하나의 세상이 무너질 수 있지요! 그렇지만 또 다른 하나가 태어납니다. 우리가 여기저기서, 르페브르의 독자와 비평가 사이에서 발견하는 것이, 바로 이 르페브르의 숨결입니다. 앙리 르페브르는 『합과 나머지』에서 우리에게 행동을 위한 책을 제공합니다! 『도시에 대한 권리』에서, 그는 우리에게 그것을 발전시킬 토양을 마련해줍니다.

선생님, 최근 연구 동향을 말씀해주실 수 있을까요?

R. H. 2008년 11월 11-13일 델프트 공과 대학에서 루카즈 스타넥이 조직한 르페브르의 도시 사상에 관한 국제 심포지엄이 열렸습니다. 매우 인상적인 만남이었죠. 폴란드 출신 건축가 스타넥은 네덜란드에서 출강 중인데, 우리는 지난 5월에 통과된 그

의 학위 논문[45]을 읽었습니다. 그리고 그를 중심으로 르페브르를 진지하게 수용하는 새로운 세대가 전 세계에서 모이고 있음을 알았습니다. 스타넥은 2001년부터 파리 8대학에서 열리는 르페브르 연례 회의에 참여해왔어요. 크리스찬 슈미드[46]는 취리히에서 델프트 심포지엄 이후의 것들을 준비하고 있습니다.

S. D. 선생님은 이미 2006년 브라질 히우그란지두술에서 '오늘날 세계 속의 일상생활 : 앙리 르페브르의 공헌'이라는 주제로 열린 5일간의 콘퍼런스에 참석한 적이 있지요?

R. H. 저는 이 만남을 통해 브라질의 연구실이나 대학 학부 할 것 없이, 르페브르의 도시 문제뿐 아니라 일상과 국가에 대한 비판, 심지어 그의 교육 방법론에 이르기까지 다각적인 연구에 전념하고 있음을 확실히 알 수 있었습니다. 연구 조사차 낭테르의 '오늘날의 마르크스' 심포지엄에 찾아왔던 브라질 학

45. L. Stanek, *Henri Lefebvre and the Concrete Research of Space: Urban Theory, Empirical Studies, Architecture Practice*,(앙리 르페브르와 공간의 구체적인 연구: 도시 이론, 경험적 연구, 건축 실습), 박사 학위 논문, TU 델프트, 2008년 5월 19일, 497p.

46. Christian Schmid, *Stadt, Raum und Gesellschaft, Henri Lefebvre und die Theorie der Produktion des Raumes*(도시, 공간 그리고 사회, 앙리 르페브르와 공간의 생산 이론), Stuttgart, Franz Steiner Verlag, 2005, 344p.

자들을 통해 이미 알아챘지만 말이죠. 저는 15년 넘게 상파울루에 있는 단체와도 긴밀하게 연락하며 지내고 있어요.

G. W. 앙리 르페브르는 한 국면의 인간이 아닙니다. 그는 여러 국면의 인간이었습니다. 역사적, 인류학적, 논리적 국면... 그의 작품은 다성음악과도 같습니다. 확실히, 게르만(독일, 오스트리아, 스위스) 쪽에서는 1973년 커트 메이어[47]부터 2006년(프랑스어 번역 출간) 율리히 뮬러-숄[48]에 이르기까지, 르페브르 작품에 대한 총체적인 시각을 갖춘 작가들은 항상 있었습니다. 오늘날 위그 르티에리, 로랑스 코스트, 레미 에스의 책들은 포이어바흐[49]에 대한 연구의 연장선상에 있습니다. 단지 세상을 해석할 뿐 아니라, 세상을 변화시켜야 합니다. 앙리 르페브르는

47. Kurt Meyer, *Henri Lefebvre, ein Romantischer Revolutionär*(앙리 르페브르, 낭만적 혁명가), Europaverlag, Wien, 1973, 174 p. 이 연구자는 2007년에 다른 중요한 책을 출간했다. *Von der Stadt zur Urbanen Gesellschaft, J. Burckardt und Henri Lefebvre*(도시에서 도시 사회로, 야코프 부르크하르트와 앙리 르페브르), Munich, Wilhelm Fink, 2007, 408p.

48. Ulrich Müller-Schöll, *Le système et le reste, La théorie critique d'Henri Lefebvre*(체계와 나머지, 앙리 르페브르의 비판적 이론), 독일어 번역 Florence Batonner-Woller, Paris, Anthropos, 2006, 312p. 원저는 *Das System und der Rest, Kritische Theorie in der Perspektive Henri Lefebvres*, Talheimer, 1999.

49. Ludwig Andreas von Feuerbach(1804-1872): 독일 철학자. 그리스도교와 관념적 헤겔 철학에 대한 비판을 통해 유물론적 인간 중심의 철학을 제기했다. 후일, K. 마르크스와 F. 엥겔스가 그의 철학을 비판적으로 계승했다. 역주.

철학을 다시 바로잡고 싶었습니다. 심각한 사회 변화를 겪는 이 위기의 시기에 르페브르를 다시 읽는 것은, 다름 아닌 실천 [Praxis]의 기초를 다시 세우는 길입니다!

레미 에스, Paris 8-Vincenne 대학교수

상드린 될소, 제도 분석의 잡지 *irrAIductibles* 편집책임자

가브리엘레 베이강, Karlsruhe 대학교수

2009년 2월 25일

위대한 것들에 대해 우리는 침묵하거나 장엄하게 말해야 한다.
다시 말해서 '냉소적이면서 순진하게'라는 뜻이다.
나는 실재하거나 상상 속에 있는 사물에서 가져온 모든 아름다움과 고귀함을
인간의 소유이자 산물이라고 주장할 것이다.

-프리드리히 니체

이 글은 공격적인 형식을 띨 것이다(누군가는 그것을 불쾌하다고 느낄 수도 있다). 왜 그럴까?

왜냐면 아마 독자들에게는 이미 체계화된 혹은 체계화되는 과정에 있는 일련의 생각이 있기 때문이다. 짐작건대, 각각의 독자는 '체계'를 찾는 중이거나 자신의 '체계'를 찾았을 것이다. 사고 체계는 용어나 언어의 체계와 마찬가지로 유행을 따른다.

게다가 모든 체계는 자신의 영역을 한정 짓기 위해 생각을 멈추는 경향이 있다. 이 글은 체계들을 깨부수려 한다. 그것은 또 다른 체계로 대체하고자 하는 것이 아니라, 지평과 길을 보

여줌으로써 사고와 행동을 **가능성**의 영역으로 **열어주고자** 하는 것이다. 형식주의를 향해 가는 생각의 방식과 달리, 열림을 향하는 사고는 투쟁을 불러온다.

도시계획[urbanisme]도 체계와 거의 마찬가지로 유행을 따른다. 도시적인 질문과 성찰은 대중 앞에 나서고 싶어 하는 기술자, 전문가 그리고 지식인 집단에서 나온다. 이런 여러 생각은 신문 기사나 다양한 영역과 분야의 글을 통해 대중 영역에 도달한다. 도시계획은 이론이며 동시에 실천이 된다. 그런데 도시[ville]나 도회지[urbain]의 현실에 관한 문제는 충분히 알려지거나 재고되지 않았다. **사고**(이념)나 **실천**(이미 실현되는 도시 전략을 보여줄 것이다)에서 나타나는 것과 비교하면, 그것에는 아직 **정치적으로** 중요성이나 의미가 없었다. 이 작은 책의 목적은 도시계획과 관련한 생각과 활동을 비판적으로 살펴볼 뿐 아니라 이런 도시의 문제를 인식하고 정책에 반영되게 하는 데 있다.

이론이나 실제 상황에서 도시와 현실 그리고 도시적인 삶의 가능성에 관한 문제(문제점)에 대해서는 우리가 '조감도[vue cavalière]'라고 부르는 관점에서 시작하고자 한다.

제1장

산업화와 도시화

첫 번째 개요

'도시 문제'를 소개하고 설명하는 출발점으로는 산업화 과정을 꼽아야 할 것이다. 반론의 여지 없이, 산업화 과정은 한 세기 반 이래 사회 변혁의 주축이었다. 이런 변화를 유도한 원인과 유도된 결과로 구분하자면, 산업화 과정은 유도한 원인이라고 할 수 있고, 도시 확장과 도시계획에 연관된 문제, 도시와 도시 현실의 전개에 관한 문제, 여가의 중요성 확대, 그리고 '문화'와 관련된 문제는 유도된 결과로 꼽을 수 있다.

산업화[industrialisation]는 근대사회를 특징짓는다. 하지만 이것이 꼭 근대 사회를 '산업 사회'로 정의한다는 뜻은 아니다. 도시화나 도시 문제가 어떤 결과를 낳는 원인이나 이유라기보다는 결과적으로 유도된 현상에 속하지만, 이런 표현에 대한 선입견 때문에 우리는 어떻게든 우리 주변의 사회 현실을 도시 사회[société urbaine]라는 의미로 정의하고 만다. 이런 정의는 도시의 결정적 특징을 보여준다.

산업화는 우리 시대에 대한 성찰의 출발점이 된다. 하지만 도시[ville]는 산업화 이전에도 존재했다. 이런 진술 자체는 평범하지만, 그것이 내포한 의미는 충분히 정의되지 않았다. 가장 탁월한 도시적 창조물, 도시적 삶의 가장 '아름다운' 작품('아름다운'이라고 말하는 이유는 그것이 제품보다 작품에 가깝기 때문이다)은 산업화 이전 시기에 존재했다. 동방 도시(아시아의 생산방식에 연결된 도시), 고대 도시(노예 소유와 연관된 그리스와 로마 도시) 그리고 중세 도시(봉건적 토지제도에 반발하면서도 봉건적 관계에 놓여 있는 등 상황이 복합적이었던 도시)가 그렇다. 동방 도시와 고대 도시는 본질적으로 정치적이었다. 정치적 특징을 잃지 않은 중세 도시는 주로 상업적, 수공업적, 금융적 특징을 갖추고 있었다. 중세 도시는 전에 고대 도시국가[cité] 밖으로 쫓겨나 유랑민 같았던 상인들을 수용했다.

신흥계급[bourgeoisie]의 등장과 함께 경쟁적 자본주의가 탄생하고 산업화가 시작됐을 때, 도시는 이미 강력한 현실을 마주하고 있었다. 고대 도시가 거의 사라지고 로마 문명이 해체되는 과정에서 유럽 도시들은 다시 비약적으로 발전했다. 많건 적건 유랑하던 상인들은 도시 활동의 중심 역할을 하게 되면서 폐허가 돼가던 고대 도시 중심에 자리 잡았다. 역으로, 쇠락한 도시 중심부가 유랑 상인들 덕분에 교환 경제 수준에 머물렀던 상태의 변화를 가속하는 역할을 했다고 볼 수도 있다. 도시는 농업 부문의 잉여 생산부터 봉건제의 붕괴에 이르기까지 모든 과정에서 물품, 재화, 잠재적 자본 등 부를 축적해왔다. 도심에는 이미 이자 수입과 상업활동을 통해 막대한 부를 쌓은 대부호들이 생겨났다. 또한, 기존의 농업 생산과 확연히 다른 형태의 수공업도 번성했다. 도시는 농촌 공동체를 지원하고 농민의 도시 진출을 지원했는데, 이는 도시인들 자신의 부를 축적하려는 욕구와 무관하지 않았다. 요약하자면, 사회적·정치적 삶의 중심에서는 부가 축적될 뿐 아니라, 지식, 기술, 작품(예술작품, 기념물)도 축적된다. 이런 도시는 그 자체로 **작품**[œuvre]이 되는데, 돈, 상업, 교환, **제품**[produits]으로 향하는 불가역적인 방향성과 대조되는 특징이다. 실제로 작품의 가치는 사용가치이고 제품의 가치는 교환가치이다. 도시가 가장 잘 사용되는 계기, 다시 말해서 도시의 도로와 광장, 건물과 기념물이 가장 독특하게 사용되는 계기는 (쾌락과 명성, 물질과 돈의

과도한 풍족함 이외에 별다른 이점 없이, 비생산적으로 소비할 뿐인)
축제이다.

　현실은 복잡하고, 다시 말해 모순적이다. 중세 도시들은 발
전의 정점에 이르렀을 때 부를 중앙으로 집중했다. 지배 집단
은 이런 부의 많은 부분을 그들이 다스리는 도시에 생산과 거
리가 먼 부문에 투자했다. 그렇게 상업과 은행 자본주의가 부
의 **이동**을 가능케 했고, 거래와 송금이 가능한 네트워크를 갖
추고 있었다. 특정한 계층의 부르주아('기업가')가 부상하면서
산업화가 시작됐을 때, 부는 이미 토지를 중심으로 삼지 않았
다. 이제 농업 생산은 지배적이지 않았고, 토지 소유도 마찬가
지였다. 영주의 손에서 벗어난 토지는 상업, 은행, 이자로 돈을
불린 도시 자본가에게로 넘어갔다. 그 결과, 도시와 농촌, 그리
고 그사이 교류를 규제하는 기관들을 포함한 '사회'는 육로, 하
천과 바다의 수로, 상업적·금융적 관계로 연결됐고, 특정(기술
적·사회적·정치적) 직업에 따라 구분된 그들만의 '도시 네트워
크'가 형성되는 경향을 보였다. 그러나 도시의 이런 직업 구분
은 기존의 적대적이고 경쟁적인 관계를 종식하고 안정적인 협
력 관계를 확고히 유지하기에는 충분히 진전되거나 의식적이
지 않았던 것 같다. 이런 체계로는 도시 자체가 온전히 자리 잡

지 못했기 때문이다. 바로 이런 배경에서 권력이 중앙에 집중된 형태의 국가가 생겨났다. 그리고 특별한 권력 집중의 결과로 나타난 것이 바로 다른 도시들을 압도하는 도시, 즉 수도[首都]이다.

앞서 언급한 과정은 이탈리아, 독일, 프랑스, 네덜란드, 영국, 스페인에서 매우 불규칙하고 서로 다른 양상으로 전개됐다. 도시는 지배했지만, 고대 도시국가와 달랐다. 여기에 서로 다른 세 가지 개념이 등장하는데, 그것은 바로 사회, 국가, 도시이다. 이 체계에서 각각의 도시는 완벽하게 폐쇄된 체계를 구축하려는 경향을 보인다. 촌락에서 유래한 공동체의 유기적 특징은 도시에서도 유지돼 동업 조합[길드]이라는 형태로 나타났다. 공동체의 삶(전체 혹은 부분 모임을 포함)은 계층 간 투쟁을 금지하지 않았다. 오히려 부와 빈곤의 폭력적 대립, 지배자와 피지배자의 투쟁은 도시에 대한 애착이나 도시라는 작품의 아름다움에 적극적인 기여를 저지하지 않았다. 도시 맥락에서 계파 간, 집단 간, 계층 간 대립은 오히려 소속감을 강화한다. 도시를 격전지이자 경합의 대상으로 삼아 '포폴로 미누토', '포폴로 그라소'[1], 귀족 또는 소수 지배집단 사이 대립이

---

1. popolo minuto, popolo grasso. Popolo는 중세 이탈리아 도시에서 귀족이 아닌 계급을

벌어진다. 이들 집단은 자기 도시에 대한 애정을 놓고 경쟁한다. 부와 권력을 소유한 사람들은 늘 위협을 느낀다. 그들은 건물, 토대, 궁궐, 장식, 축제 할 것 없이 어떤 계기에든 부를 사치스럽게 소비하는 모습을 공동체에 보여줌으로써 자신의 특권을 정당화한다. 잘 알려지지 않은 이 역사적 사실이 보여주는 역설에 주목할 만한 가치가 있다. 억압적인 사회일수록 오히려 매우 창조적이며 작품 또한 매우 풍부하게 나타났다. 그러나 이후에 제품 생산이 작품 생산을 대체했고, 특히 도시 내부에서 작품과 연계된 사회적 관계를 대체했다. 착취가 억압의 자리를 차지하자 창조적 역량은 사라졌다. '창조' 개념 자체도 '제작'이나 '창의성'('DIY' 등)으로 축소되면서 그 의미가 희석되고 변질됐다. 이런 논증은 하나의 명제로 귀결한다. 도시와 도시 현실은 사용가치의 지배를 받는다. 사용가치의 보루이자 사용의 실질적 **지배**와 재평가의 근간이 되는 도시와 **도시 현실은 교환가치와 산업화를 통한 상품의 일반화에 따라 종속되고 붕괴된다.**

우리가 분석하려는 도시 체계에서는 여러 가지 특정한 대

의미하며 popolo grasso는 부유하고 영향력 있으며 길드를 조직한 직종 사람들을, popolo minuto는 장인이나 직공 등 길드를 조직하는 데 이르지 못한 직종 사람들을 가리킨다. 역주.

립이 일어난다. 사용가치와 교환가치, 부(주화, 지폐)의 이동과 생산과 무관한 도시 투자, 부의 축적과 축제에서의 소비, 지배 도시의 영향권 확장과 그 도시 주변 지역의 강력한 조직 요구 등이 그것이다. 마지막으로 동업 조합은 은행 자본주의와 상업 자본주의 침투에 맞서 이런저런 돌발 사건에 대응한다. 동업 조합 활동은 직업군을 통제하는 것이 전부가 아니다. 각 동업 조합은 유기적인 전체 조직에 복속되며 협력 체계는 도시의 공간(도로와 지역)과 시간(업무, 축제)에 행위와 활동을 규제한다. 이 전체 조직은 항시적 구조로 정착하는 경향이 있다. 그러나 산업화는 도시에 존재하던 이 체계를 해체하는 결과를 가져왔다. 산업화는 기존 구조를 비구조화하는 특징을 내포한다. (마르크스 이후) 역사학자들은 동업 조합의 경직성에 주목한다. 전체 도시 체계가 결정화[結晶化]나 고착화[固着化]하는 경향도 살펴볼 필요가 있다. 독일과 이탈리아처럼 도시 체계가 견고한 곳에서는 자본주의 도입과 산업화가 늦어졌고, 이는 심각한 결과를 불러왔다.

그러므로 산업의 탄생과 역사적 조건 사이에는 어느 정도의 불연속성이 있다. 더는 같은 사물이 아니고, 더는 같은 사람이 아니다. 거래, 화폐 경제, 상품, 산업화가 초래할 '상품 세계'의 경이로운 확장은 급격한 변화를 내포한다. 역사학자들이 연구했듯이 수공업 생산에서 산업 생산으로 진화하는 과정이 그랬듯이 상업 금융 자본주의와 경쟁 자본주의로의 이행은 도시와 **도시 체계**에 관련된 부분을 제외하고는 거대한 위기를 불러왔다.

새로운 산업은 도시 외곽에 자리 잡는 경향이 있다. 하지만 이것이 절대적인 법칙은 아니다. 어떤 법칙도 완벽하게 일반적이거나 절대적이지 않다. 산업 분야 기업들이 이렇게 산발적으로 자리 잡는 이유는 무엇보다도 국지적, 지역적, 국가적으로 다양한 상황에 따른 것이다. 예를 들어 **인쇄소**는 도시 맥락에서 비교적 연속적인 형태로 수공업에서 기업으로 이행한 듯하다. **섬유산업, 광산 채굴업, 야금업**[冶金業]은 다른 양상을 보인다. 새로운 산업은 에너지원(강과 숲, 이후에는 석탄), 이동수단(하천과 운하, 이후에는 철도), 원료(광석), 풍부한 인력(농촌 수공업 장인, 직조공, 대장장이처럼 유용한 인력)을 확보하기 쉬운 곳에 자리 잡는다.

그 결과로 오늘날 프랑스에서는 힘겹게 살아남은 소규모 섬유산업 중심(노르망디와 보주 골짜기 등)을 찾아볼 수 있다. 대규모 야금업체 일부가 낭시와 메츠 같은 유서 깊은 도시 사이

모젤 계곡에 자리 잡았는데, 이런 도시들이 공업 지역의 유일한 도심으로 기능한다는 사실이 놀랍지 않은가?

아울러 오래된 도시는 시장이자 가용 자본의 원천, 그 자본이 관리되는 장소(은행), 경제와 정치 수장들의 거주지, 인력 저장고(마르크스가 말했듯이 임금을 중시하고 잉여가치를 확대하는 '프롤레타리아 예비군'이 생계를 이어가는 장소)가 된다. 게다가 도시는 작업장처럼 도구, 원료, 인력 등 생산 수단을 같은 공간에 집결할 수 있게 한다.

'기업가'에게는 도시 외곽에 공장을 세우는 것이 만족스럽지 않기에 산업은 되도록 도심에 접근하려고 한다. 다른 한편으로, 산업화 이전의 도시는 산업화 과정을 가속한다(특히, 산업화는 생산력의 빠른 증대를 가능케 한다). 그러므로 도시는 산업의 **이륙기**[2], 다시 말해 산업의 약진에 중요한 역할을 했다. 마르크스가 설명한 바에 따르면, 도시의 집중 현상은 자본의 집중을 동반한다. 그런 이유로 산업은 고유의 도심, 도시와 산업 단지들을 때로 소규모로(르크뢰조), 중간 규모로(생테티엔), 가끔

---

2. 로스토(Walt Whitman Rostow, 1916-2003)는 그의 저서 『경제성장의 제단계(*The Process of Economic Growth*)』(1960)에서 로스토의 단계론(Rostow's stages of growth)을 개념화했다. 그는 모든 나라가 체제에 관계 없이 ①전통사회 ②과도기 ③이륙기 ④성숙기 ⑤ 고도대중소비시대라는 발전 단계를 거치게 되는데, 결정적인 전환기는 경제성장이 사회의 상태(常態)가 되는 이륙기(take-off)라고 주장했다.

은 대규모로('거대도시'처럼 여겨지는, 라뤼르)[3] 건설했다. 이런 도시에서 나타나는 중심성과 도시 특성의 훼손에 관해서는 다시 이야기할 것이다.

오늘날 도시 분석에서 '산업화'라는 표현으로 뭉뚱그려버린 이 과정은 매우 복합적인 형태로 나타난다. 그런데 이 복합적인 형태는, **기업**의 관점이나 전체 생산량(몇 톤의 석탄, 몇 톤의 철)의 관점에서 생각하기를 멈추기만 하면, 곧 그 모습을 드러낸다. **유도돼 나타난 현상**과 **유도한 원인** 사이의 상호관계를 신중하게 관찰하면서, 각각을 구분하여 깊이 생각해보면 바로 알 수 있다.

산업은 오래된 도시(산업화 이전, 자본주의 시대 이전의 도시)에서 발생할 수도 있고, 도시 특성이 훼손된 밀집 권역[agglomération]이 형성되는 방식으로 발생할 수도 있다. 프랑스나 유럽에서 볼 수 있는 문자 그대로의 '도시[ville]'가 많지 않은 미국이 그런 사례가 아닐까? 예를 들어 뉴욕, 몬트리올, 샌프란시스코가 그렇다. 반면에 도시 네트워크가 이미 존재하

---

3. Le Creusot: 프랑스 동부 부르고뉴 프랑슈콩테 지방, 손에루아르 주에 있는 코뮌. 19세기 중반부터 100여 년간 프랑스 철강 산업의 중심지로 번영을 누렸다. / Saint-Étienne: 프랑스 중부 루아르(Loire) 주의 주도. / La Ruhr: 루르강, 리페강, 라인강에 둘러싸인 지역으로, 유럽 최대의 루르 탄전을 배경으로 중화학 공업이 발달했다. 역주.

는 오래된 도시에는 산업이 도시를 포위하며 접근한다. 산업은 도시 네트워크를 장악해서 필요에 맞게 재구성한다. 산업은 도시(각각의 도시)를 공격하고, 점령하고, 황폐화한다. 산업은 오래된 중심부도 장악하고 파괴하려는 경향이 있다. 그 결과로 도시 현상, 도시와 밀집 권역, 노동자 거주지와 외곽(산업화를 위한 노동력을 확보하는 데 실패한 빈민가와 인접 구역)의 확장을 막기 어렵게 된다.

이처럼 산업화와 도시화, 성장과 발전, 경제적 생산과 사회적 삶처럼 서로 다른 두 **가지 과정**, 두 가지 양상이 공존한다. 이런 두 '측면'은 분리할 수 없는 하나의 단위이지만, 이 과정은 갈등을 일으킨다. 역사적으로 도시 현실과 산업 현실 사이에는 폭력적 충돌이 있었다. 그리고 과정의 복잡성을 볼 때 산업화는 기업(노동자와 기업가)만이 아니라 다양한 **사업**, 금융, 재정, 기술, 정치의 중심도 형성하기에 점점 더 이해하기 어려워진다.

이 **규명하기 어려운 변증법적 과정**을 끝내기는 요원해 보인다. 이 과정은 오늘날에도 여전히 '문제' 상황을 낳는다. 여기 몇 가지 사례를 들어보자. 베네치아에서는 노동 인구가 도심을 떠나 산업 지구인 메스트레[4]로 이주하자, 그곳 규모가 두 배로 확대됐다. 산업화 이전에 번성했던 아름다운 도시 중에서도 단연 돋보이는 이 도시는 해수 침식이나 지반 약화로 생긴 물리적 손실만큼이나 거주민의 집단 이주로 위협받았다. 아테네에서는 상대적으로 진전된 산업화가 소도시 농민을 끌어들였다. 뒤엎고, 흡수하고, 무질서하게 확대한 근대 아테네는 이제 고대 아테네와 같은 도시라고 할 수 없다. 고대 그리스 흔적이 남아 있는 문화재나 유적(아고라, 아크로폴리스)은 미학 전문가의 탐사나 관광객의 소비를 위한 소재에 불과하다. 반면에 도시 조직 중심은 매우 강한 힘으로 남아 있다. 고향을 떠나와 무질서하게 정착한 사람들로 형성된 도시 주변의 이 새로운 준[準] 빈민가는 지배 세력에 터무니없이 큰 힘을 부여한다. 형태가 없다고 할 정도로 이 거대한 밀집 지역에서 정치와 결탁한 최악의 기업이 의사 결정의 중심을 차지하기 때문이다. 특히 이 나라의 경제는 부동산 투기와 이를 통한 자본의 '생산', 이 자본을 건설에 투자하고 그 과정이 처음부터 다시 반복되는 순환 구조에 밀접하게 의존한다. 언제라도 무너질

---

4. Mestre: 이탈리아 베네토주 베네치아현에 있으며 베네치아를 형성하는 구역 가운데 하나로 1926년에 베니치아로 편입됐다.

위험이 있는 이 불안정한 순환구조는, 산업화 없이 또는 미약한 산업화와 함께 진행된 도시화 유형의 특징이며, 이것은 밀집 지구의 빠른 확장, 토지와 건물에의 투기, 순환구조로 부자연스럽게 유지되는 번영 등의 형태로 나타난다.

프랑스에서는 그르노블이나 됭케르크처럼 최근 산업화에 휩쓸린 도시의 사례를 찾아볼 수 있다. 그리고 도시와 도시화의 광범위한 확장(여기서는 '넓다'는 의미)은 있지만, 산업화는 미미한 툴루즈 같은 사례도 있다. 이것은 도시가 빈민촌으로 둘러싸인 남미와 아프리카에서는 일반적인 현상이다. 이런 지역이나 나라에서는 이전 농업 구조가 해체되면서 삶의 터전을 잃고 몰락한 농민들이 일자리를 구하고 생계를 잇기 위해 도시로 몰려든다. 게다가 이들은 가격 경쟁력의 열세로 사라질 운명에 놓였던 농경지에서 왔는데, 이는 산업 국가나 산업 '성장 중심'에 밀접하게 연관된 현상이다. 결국 이런 도시 현상은 산업화와 연결된다.

오늘날 도시의 '내향적-외향적 폭발'이라고 부를 만한 과정은 갈수록 심화하고 있다. 주요 산업 국가에서도 도시 현상은 국토의 많은 지역에서 폭넓게 전개된다. 이런 현상은 국경을 초월한다. 유럽 북부의 거대 도시는 루르에서부터 바다 건너 영국 도시까지, 파리 지역에서부터 스칸디나비아 국가에까지 이른다. 국토는 지역적 차별성이나 지역, 지구, 도시에 따른 (기술적·사회적) 분업의 확장에도, 점점 촘촘해지는 **도시 조직**에 포획된다. 아울러 도시 조직의 내부와 외부에서 집중 현상은 점점 심해진다. 인구도 늘어나 인구밀도(인구별 면적 혹은 주거 비율)가 우려할 만한 수준에 다다른다. 오래된 도시 핵심부도 손상되거나 파괴된다. 사람들은 도심에서 멀리 떨어진 주거지나 생산 목적으로 새로 건설한 외곽으로 이동한다. 사무실이 점점 도심을 장악하고, 때로 (미국 경우) 도시 중심부는 '빈자들'이 차지하고, 빈곤층이 사는 슬럼[ghetto]으로 전락한다. 간혹 이와 반대로, 최상류 부자들이 도시 중심부에 자신을 위한 지역을 남겨놓기도 한다(뉴욕의 센트럴 파크 인근, 파리의 마레 지구 등).

이제 **도시 조직**을 살펴보자. 실제로 '조직'이라는 이 은유적 표현은 뭔가 분명치 않다. 단순히 땅에 펼쳐진 직물을 닮은 조직이라기보다 어떤 생명체 같은 것의 급속한 증식을 가리키고, 촌락, 마을, 지역처럼 크고 작은 영역이 빠져나가도록 내버려두기도 하는, 일종의 불균등하고 성긴 그물 조직을 연상시킨다. 이 현상을 농촌과 예전 농업 구조의 관점에서 본다면, 마을과 도시 인구, 소유권과 개발, 교통 조직, 거래 등이 집중하는 전반적인 변화를 분석할 수 있다. 이런 변화는 수공업 작업장 이나 작은 상점 같은 것들이 차지했던 과거의 삶이 사라진 농촌의 '농업 인구 감소'로 이어진다. 그리고 과거의 '생활 양식'은 민속으로 전락한다. 이런 현상을, 도시를 대상으로 살펴보면, 인구가 과도하게 밀집된 외곽의 확장뿐 아니라 네트워크(은행, 상업, 산업)와 주거지(전원주택, 여가 활동을 위한 장소와 공간 등)의 확장도 확인할 수 있다.

도시 조직은 오래됐거나 최근에 형성된 하나 혹은 여러 개의 도시 주변에 응집된 단위로, **생태계** 개념을 빌려 설명할 수도 있을 것이다. 하지만 그런 설명은 핵심에서 벗어날 우려가 있다. 실제로 **도시 조직**에서 흥미로운 점은 형태에 국한되지 않는다는 데 있다. 그것은 크거나 작거나 축소됐거나 파괴된 '생활 양식', 즉 **도시 사회**를 지탱한다. 도시 조직의 경제 기반 위에서 다른 영역과 차원의 현상이 나타나는데, 그것은 바로 사회적·'문화적' 삶이다. 이것은 **도시 조직**을 통해 전파돼, 도시 사회와 도시 생활이 농촌에 침투한다. 이런 생활 양식은 사물 체계와 가치 체계를 포함한다. 도시의 사물 체계로 가장 잘 알려진 것은 물, 전기, 도시가스(농촌에서는 부탄가스)이고, 이와 함께 '서비스'에 관한 새로운 욕구를 내포한 자동차, 텔레비전, 플라스틱 도구, '근대적' 가구가 포함된다. 가치 체계 요소 중에는 도시에서 유행하는 연예(춤, 노래), 패션 같은 것을 들 수 있다. 또한, 안전에 대한 우려와 미래 예측에 대한 요구처럼 도시로부터 확산한 합리성도 있다. 일반적으로 청소년 세대는 도시에서 유래한 사물과 표현에 금세 동화하고, 그 전파에 적극 이바지한다. 그들과 관련된 영향이 무엇인지 되짚어 보여 주는 것은 사회학적으로 진부한 일일 것이다. 도시 조직의 그물망에 섬처럼 '순수한' **농촌성**이 남아 있는데, 대부분 (항상 그렇지는 않지만) 척박한 땅에 사는 늙은 농부들은 변화에 '적응'하지 못하고, 가장 비참하고 억압적이었던 시기에 그나마 '전원 생활의 고결함'이라고 불렀던 것으로부터조차 배제됐다. 이런 '도시성-농촌성' 관계는 사라지지 않고 오히려 산업화가 가장 진전된 나라에서조차 강화된다. 그것은 도시와 농촌, 자연과 인공과 같이 다른 관계나 표현에도 간섭한다. 여기저기서 긴장은 갈등이 되고, 도시 조직 하부에 감추어졌던 잠재적 갈등은 격해져서 그대로 노출된다.

한편, 도시 중심부는 사라지지 않고, 침범해 들어오는 도시 조직에 침식되거나 흡수되지도 않으며 스스로 변화하며 살아

남는다. 그렇게 도시적 삶이 응축된 중심부(예를 들어 파리 라
탱 지구)는 여전히 남아 있다. 오래된 중심부의 아름다움은 이
들이 살아남는 데 큰 역할을 했다. 거기에는 기념물, 각종 기관
의 본부, 축제, 퍼레이드, 행진, 축하 행사 등에 적합한 공간이
있다. 이런 식으로 도심은 외국인, 관광객, 도시 주변, 외곽에서
온 사람들을 위한 고품격 소비재가 된다. 이처럼 도심은 '소비
장소'와 '장소 소비'라는 두 가지 역할 덕분에 살아남는다. 따
라서 오래된 중심부는 특정한 활동에 공간을 제공하지만, 사
용가치는 사라지고, 교환가치와 교환 논리에 완전히 편입된다.
도심은 소비의 중심이 된다. **쇼핑센터**의 건축적·도시적 재출
현은 상업적이자 종교적이며, 지적이고 정치적이자 경제적(생
산적)이던 오래된 도시 중심부의 무미건조하고 훼손된 판본을
제공할 뿐이다. 쇼핑센터의 정의와 이미지는 중세로 거슬러
올라간다. 그것은 중소 규모의 중세 도시에 부합한다. 하지만
오늘날 교환가치는 사용가치를 능가하고, 그것을 대체하는 지
경에 이르렀다. 이처럼 '쇼핑센터'라는 개념은 전혀 독창적인
것이 아니다. 오히려 **의사결정 중심**이야말로 우리 시대와 시
대적 경향, 시대의 (위협적인) 지평에 부합하는 진정한 창조물
이 아닐까? 직업과 정보, 조직과 제도적 결정의 역량이 집중된

이 중심부는 새로운 중심, 즉 **권력**의 중심을 만들어내는 것처럼 보인다. 이런 개념에, 그리고 의미를 부여하고 정당화하는 활동에 당연히 큰 관심을 기울여야 한다.

서로 대조하면서 각기 더 잘 정의할 수 있지만, 그렇다고 각각의 의미가 변하지는 않는, 복합적 관계에 있는 몇 가지(적어도 세 가지) 표현이 있다. 그중에 농촌성과 도시성(도시 사회)이라는 표현이 있고, '도시성'을 전달하는 매개로서 도시 조직과 오래돼 새롭게 개조되는 중심성이라는 표현도 있다. 그래서 무엇보다 분석에서 통합으로, 검증에서 적용으로('규칙'으로) 나아갈 때 우려할 만한 문제가 생긴다. 도시 조직(그런데 이 표현은 무엇을 의미하는가?)이 동시다발적으로 증식하는 상황을 방관해야 할까? 기묘하고 야생적이면서도 인위적인 삶으로 인도하고자 이 힘을 억제하는 것이 과연 적절한 일일까? 어떻게 중심을 강화할 것인가? 그런 작업은 유용한가? 필요한가? 어떤 중심과 어떤 중심성을 선택할 것인가? 도시에서 농촌성이 있는 섬 같은 지역은 어떻게 해야 할까?

이처럼 서로 다른 문제들과 전반적인 문제의식을 통해 **도시의 위기**를 엿볼 수 있다. 여기에는 이론적 위기와 실천적 위기가 있다. 이론적으로 **도시 개념**(도시 현실의 개념)은 오래된

(산업화 이전, 자본주의 이전) 도시에서 빌려왔지만, 변질돼 새롭게 생성되는 과정에 있는 행위, 표현, 이미지로 구성된다. 실제로 **도시 핵심부**(도시의 이미지와 개념에서 필수 불가결한 부분)는 파괴돼도 그대로 유지된다. 침범당하고, 자주 훼손되고, 간혹 썩지만, 도시 핵심부는 사라지지 않는다. 만약 누군가가 도심의 종말과 도시 조직에 의한 흡수를 선언한다면, 그것은 증거 없는 가설이자 주장일 뿐이다. 마찬가지로, 누군가가 도심의 복원이나 재건의 절박함을 부르짖는다면, 그 또한 증거 없는 가설이자 주장일 뿐이다. 마을[village]이 도시[ville]의 탄생을 저항 없이 수용했던 것과 달리, 도심은 새롭게 잘 정의된 '현실'에 순순히 자리를 내주지 않는다. 하지만 권력의 중심으로서 스스로 재무장하지 않는다면, 도심의 지배는 조만간 끝날 것으로 보인다.

지금까지 우리는 산업화를 통한 도시의 침투 상황을 분석하고, 전 세계적 현상을 몇 가지 극적인 장면을 통해 살펴봤다. 그러나 이런 시도는 도시화 과정이 어떤 의도나 의지가 개입되지 않은 자연스러운 현상으로 믿게 할 수 있다. 설령 그런 측면이 있다고 해도 이런 관점은 배제돼야 한다. 도시화 과정에는 자본(생산 수단)을 소유한 지배계급과 그 일부가 적극적이고 자발적으로 개입해서 자본을 경제적으로 활용하고 생산적으로 투자하며, 생산된 부의 일부를 '문화', 예술, 지식, 이념에 사용한다. 사회 지배 집단(계급 또는 일부 계급)의 옆에는, 아니, 그들 앞에는 노동 계급인 프롤레타리아가 있다. 프롤레타리아는 소속 산업 분야나 지역, 국가의 전통에 따라 여러 계층으로, 부분 집단으로 다양한 성향에 따라 분류된다.

19세기 중반 파리의 상황은 대략 다음과 같았다. 동질적이지 않은 지배 계급 부르주아가 힘든 싸움 끝에 수도를 정복했다. 혁명 전에는 귀족 지역(왕족과 부유층은 도시 서쪽[5]으로 향하는 경향을 보였지만)이었고, 정원과 고급 저택들이 늘어섰던 마레 지구는 오늘날에도 여전히 이 과정을 구체적으로 증언하고 있다. 발자크 시대 수십 년에 걸쳐 평민 계급[Tiers-Etat]이 이 구역을 점령했다. 몇몇 멋진 저택이 사라졌고, 다른 저택들은 작업장과 상점들이 차지했다. 공원과 정원은 임대용 주택, 상점과 저장고, 창고, 사업장이 됐다. 거리에서 보고 읽을 수 있는 부르주아의 천박한 취향과 돈만 밝히는 탐욕이 귀족의 오만하고 냉정한 아름다움과 호화스러움을 대체했다. 마레 지구의 담장 너머로 계급투쟁의 흔적과 계급 간 증오, 비루한 승리

---

5. 여기서는 파리 서남쪽에 위치한 베르사유 궁전과 그 인근을 의미한다. 역주.

를 읽을 수 있다. 부분적으로 마르크스의 이론을 벗어나는 역사의 역설을 이보다 더 잘 보여주기는 어려울 것이다. 합리주의적 성장에 적합한 이념 도구를 장착하고 경제 성장의 주역이 된 '진보적' 부르주아는 민주주의를 지향하고, 억압을 착취로, 작품을 제품으로 대체했으며, 더는 직접 창조하지 않는다. 소설가나 화가처럼 작품의 의미를 지키려는 사람들은 자신을 '부르주아적이지 않다'고 느끼고, 그렇게 생각한다. 압제자들, 즉 부르주아가 주역이 된 민주주의 사회 이전 지도자들 – 군주, 영주, 왕, 황제 – 에게는 작품에 대해, 특히 건축과 도시계획 영역에서 자기만의 감각과 취향이 있었다. 명백히 작품은 교환가치보다 사용가치 영역에 속한다.

1848년 이후 도시(파리)에 확고히 자리 잡은 프랑스 부르주아는 주거지뿐 아니라 금융가에서 정부에 이르기까지 모든 활동 수단을 장악했다. 그런데도 그들은 마치 노동자 계급에 포위된 것처럼 보인다. 농민이 몰려들어 '성벽' 주변, 성문, 가까운 시 외곽에 자리 잡았다. 과거의 노동자(수공업 직업군)와 새로운 프롤레타리아는 도시 심장부까지 침투해 들어왔다. 그들은 빈민굴뿐 아니라 부자가 저층에, 노동자가 고층에 사는 임대 주택에서도 거주한다. 이런 '무질서'한 상황에서 신흥 부자들은 노동자들에게 위협을 느꼈다. 이런 위협은 1848년 6월 봉기[6]를 통해 명백히 현실로 드러났으며, 이후 코뮌으로 확고해졌다. 이에 따라 각자의 현실이나 삶에 대한 고려 없이 도시의 재개발만을 목표로 하는 **계급 전략**이 세워졌다. 1848년부터 오스만[7]이 활동한 시기까지 파리의 삶은 밀도가 가장 높았는데, 그 삶은 '파리지앵의 삶'이 아니라 수도에서 도시적 삶이었다. 그것은 당시 문학과 시에도 영향을 끼치며 광범위하게 침투했다. 그런데 이런 현상은 갑자기 사라진다. 도시적 삶은 다양한 생활 양식과 도시 안에 공존하는 여러 '패턴'을 경험하고, 차이를 알게 되고, 깨닫고, 서로 재인식(이념적·정치적 대립을 포함)하는 과정을 전제한다. 19세기 농민들에게서 시작된 민주주의는 혁명가들에게 이념적 영감을 줬고, 도시 민주주의로 진화했다. 역사적으로 그것은 코뮌의 주요 관점 중 하나였고 이후에도 여전히 그랬다. 도시 민주주의는 새로운 지배 계

---

6. 1848년 2월혁명의 결과로 약속했던 도시 노동자의 실업 문제 해소를 위한 정책의 상징이었던 국영 작업장의 폐쇄를 계기로 1848년 6월 22-26일 파리에서 일어났던 격렬한 노동자 저항 운동. 짧은 기간에 많은 사상자가 발생했으며, 이후 프랑스 정치가 급격히 보수화하는 원인이 되었다. 역주.

7. Baron Georges-Eugène Haussmann(1809-1891): 나폴레옹 3세가 주도한 파리 개조 사업의 주역. 처음에는 막대한 공사 비용으로 비난받았으나 준공 후 영국 등 다른 나라들이 파리에 대한 찬사를 보냈다. 역주.

급의 특권을 위협했기에 기득권자들은 도시 민주주의의 정착을 방해했다. 어떻게? 도심만이 아니라 도시 자체에서 프롤레타리아를 추방하고, '도시성'을 파괴함으로써.

제1막 보나파르트 정부의 주요 인물 오스만 남작은 권력 투쟁의 (결과물이 아니라) 전리품처럼 다룰 사회를 냉소적인 시선으로 바라보았다. 그는 구불구불하지만 활기가 넘치던 골목길을 넓고 곧게 뻗은 대로로 건설하고, 비위생적이어도 사람 냄새 나던 동네를 소시민 구역으로 개발했다. 그가 몇 개의 대로로 파리를 관통하게 하고, 공터를 정비해서 건물로 채운 것은 원근법적 아름다움을 실현하기 위해서가 아니라 '파리를 기관총으로 빗질하기'[8](당시 시인 벤자맹 페레의 표현) 위해서였다. 오스만은 자신의 그런 의도를 숨길 생각조차 하지 않았다. 실제로 파리 시민은 얼마 지나지 않아 파리의 교통망을 정비해준 오스만을 칭송하게 된다. 비록 그것이 오스만 '도시계획'의 최종 목표는 아니었지만, 공간에는 의미가 있다. 그것은 공간을 정비한 국가의 힘과 영광, 그 계획을 실현한 거대한 폭력

---

8. 초현실주의 시인 벤자맹 페레(Benjamin Péret, 1899-1959)의 시 '나는 저 빵을 먹지 않는다(Je ne mange pas de ce pain-là)'의 일부. "나는 대지를 해방하고/ 베르사유에 양파를 심으며/ 파리를 기관총으로 빗질했다." 역주.

의 존재를 분명히 말해준다. 이후에 다른 방식으로 도시적 삶을 도려내고 상처를 남긴 행태를 정당화할 목적으로 대규모 주민 이주 사업이 진행됐다. 하지만 결과적으로 오스만이 자신의 목표에 이르지는 못했다는 점에 주목할 필요가 있다. 파리 코뮌[9]의 의미 중 하나는 도시 외곽과 교외로 쫓겨났던 노동자들이 도심으로 대규모 귀환했으며, 이를 통해 정치 권력이 그들에게서 빼앗아갔던, 무엇보다도 소중한 것, 바로 이 가치, 바로 이 작품, 다시말해 도시를 탈환했다는 사실이다.

제2막 이 시기의 전략적 목표는 한층 광범위한 책략을 통해 더 중요한 결과에 도달하는 데 있었다. 19세기 후반 영향력 있는 세력, 다시 말해 부자나 권력자 혹은 두 가지에 모두 해당하는 부류, 종교(가톨릭, 개신교)적 신념이 강한 관념론자(르 플레)[10], 온건한 성향의 정치인(중도 우파), 특정 집단에 속하지 않

---

9. Paris Commune: 1871년 3월부터 5월까지 파리 시민이 수립한 사회주의 자치정부. 왕정복고를 꾀하는 왕당파에 의한 제3공화정의 굴욕적인 프로이센과의 휴전조약과 국민방위군의 강제 해산에 반발한 시민이 자치정부를 수립했으나 2개월 만에 무력으로 처참하게 진압됐다. 역주.

10. 피에르 기욤 프레데리크 르 플레(Pierre Guillaume Frédéric le Play, 1806-1882): 프랑스의 사회학자, 경제학자. 사회학적 조사의 시조로 꼽힌다. 유럽 노동자의 사회적·경제적 조건에 관한 자료를 수집했고, 저서 『프랑스 사회 개혁』에서 사회적 관계 회복을 위해 중세 모델을 제안하고 종교를 옹호했다. 역주.

는 몇몇 유력인사는 도시계획의 새로운 가능성을 발견했다. 그들은 이 계획의 실현을 통해 제3공화국이 큰 수익을 보장할 수 있다고 판단했다. 그들은 **주거**를 고안해냈다. 그때까지 '거주한다[habiter]'는 개념은 마을이나 소도시 공동체의 사회적 삶에 참여한다는 의미도 포함했다. '도시적 삶'은 무엇보다도 이런 속성이자 가치를 내포하고 있었다. 도시는 시민을 거주하게 했을 뿐 아니라, 그들에게 거주할 권리를 줬다. 바로 이것이 '땅을 구원하는 가운데, 신적인 것들을 기다리는 가운데 (...) 사방을 그것의 본질 안에 수호함'이다. 시인이자 철학자인 하이데거는 '거주하다'라는 단어에 대해 이처럼 말했다(『강연과 논문』[11]). 철학과 시 외에 사회학적 담론(우리 세계의 산문적 표현 방식)을 통해서도 같은 언급을 한 적이 있다. 19세기 말 유력 인사들은 도시의 오래된 여러 기능 중에서 실제 계획에 적용하기 유리한 기능을 분리해냈다. 물론 그들은 사회에 이념과 실천을 제공한다는 명목을 앞세웠고, 거기에 의미를 부여하는 작업도 잊지 않았다. 교외 지역은 (설령 동기와 방향성을 부

---

11. "땅을 구원하는 가운데, 하늘을 받아들이는 가운데, 신적인 것들을 기다리는 가운데, 죽을 자들을 인도하는 가운데, 거주함은 사방의 사중적인 보살핌으로써 스스로 생기한다. 소중히 보살핌이란, 사방을 그것의 본질 안에서 수호함을 의미한다. 수호되는 것은 간직되어야 한다." 마르틴 하이데거, 『강연과 논문』(이기상, 신상희, 박찬국 옮김), 192쪽 참조. 역주.

여했어도) 맹목적인 산업화 추진만이 아니라 대규모 '농촌 이탈'로 농민들이 도시로 유입된 상황에 대응하고자 개발된 것이 사실이다. 그래도 이 과정은 하나의 전략에 따라 방향이 결정됐다.

전형적인 **계급 전략**은 하나의 목표 아래 협의하고 계획한 일련의 행위를 통해 실현될까? 그렇지 않다. 여러 가지 목표에 초점을 맞추고 신중하게 준비해도 결국 하나의 결과로 수렴되는 다른 여러 종류의 투쟁과 달리 계급적 투쟁의 성격은 훨씬 더 심오해 보인다. 이 모든 유력 인사에게 부동산 투기를 부추기려는 의도가 없었음은 두말할 필요도 없다. 그들 중 일부는 선의를 가진 사람, 박애주의자, 인본주의자로서 오히려 그와 반대되는 상황을 원했던 것 같다. 하지만 그들이 토지든 주거지든 부동산으로 돈이 몰리게 하고 교환과 교환가치가 도시 주변에까지 퍼지게 한 것은 사실이다. 그리고 이 과정에서 부동산 투기도 일어났다. 그들은 노동자들을 억압하려고 했다기보다 자기들이 원하는 대로 교화하려고 했다. 그들은 노동자들(가족을 포함해서)을 회사 지배층이나 부동산 소유층과 확연히 구분되는 계층에 구조적으로 편입하는 편이 이롭다고 판단했다. 그들은 노동자들에게 봉급 생활자로서의 생산 기능 외에 다른 기능, 다른 사회적 기능, 다른 역할을 부여하고자 했고, 노동보다 나은 일상의 삶을 제공해야 한다고 주장했다. 이처럼, 그들은 주거와 함께 노동자의 소유를 상상했다. (비록 그 정치적 결과들을 부동산 개발업자들이 의도했던 것이 아닐지라도) 놀라울 정도로 성공한 작전이었다. 예상했건 예상하지 못했건, 의식적이었건 무의식적이었건 간에 목표를 달성했던 것은 사실이다. 사회는 이념적이고 실질적으로 생산 이외의 문제들로 시선을 돌린다. 사회의식은 점차 생산 문제를 벗어나 일상성과 소비에 집중했다. '교외화'와 함께 도시 집중을 해소하는 과정도 시작됐다. 프롤레타리아는 도시에서 멀어지면서 결국 '작품' 감각도 잃었다. 그들은 생산지에서 먼 도시 외곽에 퍼져 있는 기업을 위해 마련된 주거 지역에서 살면서 의식에 남아 있던 창의력도, 도시 의식도 점차 잃어버렸다.

　프랑스의 교외 건설과 함께 도시에 악착같이 따라붙는 도시계획 사고가 시작됐다. 이상한 역설이다. 제3공화국[12] 시기 수십 년간 교외 주택과 토지 분양을 허가하거나 규제하는 서류가 등장한다. 도시 주변에는 도시화하지 않은 상태로 남아 있으면서 도시 의존적인 외곽 지역이 생겨난다. '교외 거주자

----

12. 1870년부터 1940년까지 약 70년간 프랑스에 존속한 공화정 체제. 역주.

들', '교외 단독주택 거주자들'은 사실상 도시 의식을 갖췄다기보다 자연과 태양, 녹음을 가깝게 느끼면서도 여전히 자신을 도시인으로 여긴다. 역설을 강조해 말하자면, 탈도시적이고 탈도시화된 도시화라고 할 수 있겠다.

그러나 지나친 도시 확장은 점차 속도를 늦추게 됐다. 아울러 촉발된 사회적 변화는 부르주아와 부유층을 부추겨 교외의 주거 지역에 자리 잡게 했다. 도심은 사무 공간이 차지했다. 이제 전체가 복잡하게 뒤얽혀 서로 다투기 시작했다. 하지만 이것이 끝은 아니었다.

제3막 지난 전쟁[13] 이후 사람들은 인구 급증, 산업화 고조, 농촌 탈출과 도시를 향한 인구 쇄도 같은 긴급하고 다양한 제약 상황에 따라 매번 국면이 수정되는 현실을 자각했다. 명백하게 드러난 주거 위기는 언제든 재앙으로 돌변해서 여전히 불안정한 정치 상황을 악화할 위험이 있었다. '긴급상황'의 파도는 자본주의와 '사적' 기업의 주창자들을 향해 위협적으로 넘실대지만, 정작 이들은 수익성이 좋지 않다는 이유로 주택 건설에 관심이 없었다. 이제 국가는 부동산 투기에 (잘못) 대응해서 토

---

13. 제2차 세계대전. 역주.

지 분양이나 교외 주택 건설을 규제하는 정도로 끝낼 수 없었다. 국가는 중개 기관을 통해 주택 건설 문제를 해결하기로 했고, '새로운 형태의 주택 단지'와 '신도시' 시대가 열렸다.

이런 변화는 그때까지 시장 경제에 속했던 문제를 공공 기능이 맡은 것이라고 할 수도 있다. 확실히 그렇다. 하지만 그렇다고 해서 주거가 공공 서비스가 된 것은 아니다. 말하자면 주거 권리에 대한 사회적 인식이 생겼다는 것이다.[14] 사실상 이런 인식은 극적인 사건들이 촉발한 대중적 분노와 경제 위기가 낳은 불만에서 싹텄다고 볼 수 있다. 그러나 주거권은 '인권'의 부속적 권리로 인식될 뿐, 형식적으로나 실질적으로 인정되지 않았다. 국가가 주도한 건설은 시장경제가 채택한 방향이나 개념을 바꿔놓지 못했다. 엥겔스가 예측했듯이 주거 문제는 설령 악화한다고 해도 정치적으로 부차적인 사안일 뿐이었다. 좌파 그룹과 정당은 '더 많은 주택'을 요구하는 정도에 그쳤다. 게다가 공공·준공공 기관의 입안자들에게 중요한 것은 도시계획적 사고가 아니라 가장 적은 비용으로 가장 빨리 주택을 공급하는 계획이었다. 국가 관료에 의해 **주거** 개념이 가장 순

---

14. 1946년 10월 27일 개정헌법 전문에 "개인과 가정에 자신을 개발하는 데 필요한 조건들을 보장해야 한다."라고 나와 있다. '주거권'이라는 용어가 명시적으로 사용되지는 않았지만, 일반적으로 이 규정을 주거권의 근거 규정으로 해석한다. 역주.

수한 형태에 이른 집합주거 단지는 기능적이고 추상적인 특징으로 기록될 것이다.

그러나 **주거** 개념은 여전히 '불확실'한 상태로 남아 있었다. 교외 단독주택의 경우 개인적이거나 특별한 해석을 거친 주거의 변종이 탄생했다. 교외 주거의 형태적 특징은 주거 공간의 변형과 점유를 가능하게 했다. 교외주택 공간-울타리, 정원, 사용 가능한 다양한 공간-은 약간의 주도성과 자유를 허용함으로써, 제한적이지만 실질적인 방식으로 **거주**[habiter]라는 개념을 실현할 수 있었다. 이와 반대로 국가가 지향하는 합리성은 극단으로 치달았다. 새로운 집합 주거에서 제약 조건들의 총체와 같은 순수한 상태의 주거[habitat][15]가 창시됐다. 대규모 집합주거 단지에서는 공간의 조형성, 변형 가능성이 배제됐고, 일부 철학자가 말했듯이 거주 개념이 제외된 주거가 실현됐다. 몇몇 개인이나 집단이 주민의 생존 조건에 대한 결정을 독점했다. 이런 주거 형태에 부과된 의미 또한 완벽한 일상성(기능, 규범, 엄격한 일정)이었다.

교외 주거는 무질서한 택지개발과 함께 파리 주변과 교외

---

15. 2차 세계대전 이후 프랑스에서 건설된 대규모 공동주거의 경우, 최소한의 주거를 위한 1인당 최소 바닥 면적이라든지, 환기와 채광을 위한 최소한의 개구부처럼 주거에 관한 기능적 조건들의 충족이 중요하게 다뤄졌다. 역주.

의 작은 마을들로 퍼져나갔다. 도시든 비도시든 성장의 유일한 법칙은 토지 투기였다. 이렇게 성장한 도시 사이 빈터는 대형 집합주거 단지들로 채워졌다. 토지 투기에 공동 소유 건물인 아파트 투기까지 더해지면서 그야말로 난장판이 벌어졌다. 이처럼 주택은 부동 자산으로, 도시 토지는 교환가치에 편입되고, 기존 도시에 존재하던 제약은 사라졌다.

만약 도시 현실을 도시 중심부에 대한 의존성을 기준으로 정의한다면, 도시 외곽 지역도 도시적이라고 할 수 있다. 그러나 만약 중심부과 주변부 사이의 지각 가능한 (읽을 수 있는) 관계로 도시 질서를 정의한다면, 시외곽 지역은 비도시적이라 하겠다. 이 집합주거의 '도시계획적 사고[pensée urbanistique]'는 도시[ville], 도회지[urbain]에 광범위하게 적용돼, 문자 그대로 그 구분을 소멸시키기에 이른다. 거리, 광장, 유적, 만남의 장소처럼 인식할 수 있는(읽을 수 있는) 도시적 사물은 모두 사라졌다. 카페(비스트로)에서조차 거주에서 주거로 의미를 축소한 '집합주거주의자들'의 금욕주의적 취향이 드러나 안타까울 뿐이다. 민감한 도시 현실이 파괴된 뒤에야 비로소 원상회복의 요구가 나타났다. 아울러 카페, 쇼핑센터, 거리, 문화 시설 같은 몇 가지 도시 현실 요소가 서서히 그리고 조심스럽게 다시 나타나는 현상을 볼 수 있었다.

이처럼 도시 질서는 교외 단독주택과 집합주거의 두 시기로 나뉜다. 그러나 대지 위에 지각하고 읽을 수 있는 질서, 즉 기의[記意, signifié]가 없는 사회는 없다. 단독주택과 집합주거 지구가 대립하듯이 시 외곽의 무질서 내부에도 질서가 숨어 있다. 이런 대립은 **도시적 의미 체계**를 구성하는 경향이 있고, 탈도시화[16] 단계에서도 여전히 도시적인 특징을 보인다. 한 지역은 다른 지역과의 비교 대조를 통해 (거주민의 의식 수준에 따라) 정의된다. 일반적으로 주민 자신은 자기가 사는 지역 내부 질서를 거의 파악하지 못하는 반면, 집합주거 주민은 자신을 비주택 거주자로 인식한다. 집합주거 주민은 **주거의 논리** 쪽에, 단독주택 주민은 **주거의 상상** 쪽에 서서 서로 대립한다. 어떤 사람에게 주거는 공간의 (겉으로 보기에) 합리적인 조직이고, 또 어떤 사람에게 그것은 비위생적이고 해로운 도시에서 벗어나 살아가는 꿈, 자연, 건강이다. 그러나 주거의 논리는 상상에 대응할 때 인식할 수 있고, 상상은 논리를 통해야만 이해

---

16. 도시학자 반 덴 베르그(Leo van den Berg)는 도시발전 단계를 도시화(urbanization), 교외화(suburbanization), 탈도시화(desurbanization), 재도시화(reurbanization)의 4단계로 구분했는데, 이 중에서 도시화와 교외화 단계는 도시 인구의 총체성장(집중)과정이고 탈도시화와 재도시화 단계는 전체 쇠퇴(분산) 과정으로 보고 있다. 역주.

할 수 있다. 일반적으로 사람들은 자신에게 부족하거나 부족하다고 느끼는 것을 통해 자신을 드러내는 경향이 있다. 이 관계에서, 상상에는 더 많은 힘이 있으며, 논리에 강한 영향을 끼친다. 왜냐면 '거주한다'라는 개념은 보통 사람들이 사는 이런저런 단독주택을 기준으로 인식되기 때문이다(단독주택 거주자들은 공간의 논리 부족을 아쉬워하고, 집합주거 사람들은 단독주택이 주는 즐거움을 모른다는 점을 애석해한다). 그래서 이 설문조사의 결과는 놀랍다. 프랑스인의 80% 이상이 단독주택형 주거를 원하지만, 동시에 대다수가 집합주거를 '만족스럽다'고 답했다. 여기서 중요한 것은 결과가 아니라, **도시와 도시적 현실에 대한 인식**은 그것이 소멸하는 순간까지도 사람들에게 흐릿하게 남아 있다는 사실이다. 이론적(이념적), 실제적으로 파괴된 도시에는 어쩔 수 없이 심각한 공백이 남는다. 여기에 더해 해결하기 점점 더 어려워지는 행정과 다른 여러 문제는 말할 것도 없다. 하지만 비판적 분석의 관점에서, 한편으로 종말을 맞은 기존의 도시와 다른 한편으로 단절되고 파괴됐지만 실질적으로 확장하는 도시 사회 사이의 대립에 비하면, 이 공백은 상대적으로 덜 중요해 보인다.

이렇듯 산산이 해체된 형태에서도, 교외 지역은 여전히 도시적이다. 그것은 단일성이나 동시성처럼 새롭게 생성된 요소 사이에 분리와 분열을 위해 세워진 제국과도 같다. 이런 관점에서 비판적 분석을 통해 세 기간(앞서 언급한 도시 드라마 3개막과 정확히 일치하지 않는다)을 구분할 수 있다.

제1기 산업과 산업화 과정은 이념과 실천을 통해 기존의 도시 현실을 무너뜨리고, 도시 현실을 사람들의 현실과 그 의식에서 분리하는 데 이를 때까지 공격해 황폐하게 만든다. 계급 전략에 따라, 산업화는 도시 현실에서 **부정적인** 권력처럼 작동했고, 산업 경제는 도시 사회를 부정했다.

제2기 (부분적으로 첫 번째 기간과 병치됨) 도시화가 확대됐다. 도시 사회가 일반화됐다. 도시 현실은 스스로 파괴하는 방식을 통해 그것이 사회경제적 현실임을 사람들이 재인식하게 한다. 사람들은 도시와 도시의 중심성이 없다면 사회 전체가 해체될 수도 있다는 위험을 자각하게 됐다. 생산과 소비를 계획하고 조직하는 데 필수적인 장치는 사라졌다.

제3기 도시 현실을 (파괴로 인한 고통과 함께 사고와 실천을 통해) 되찾거나 재창조했다. 사람들은 중심성을 복원하려고 노력했다. 계급 전략은 사라졌을까? 확실치 않다. 전략은 수정됐다. 새로운 전략은 과거의 중심성과 해체된 중심을 **의사 결정**

의 중심으로 대체했다.

이처럼 도시계획적 성찰이 탄생하고 재탄생했다. 이런 도
시계획적 성찰이 성찰 없는 도시계획의 뒤를 이었다. 예전의
통치자들(왕과 제후)에게는 자기 도시를 아름답게 만들 도시계
획 이론이 필요없었다. 백성이 지도자에 대해 지나친 기대를
품는 것, 그리고 문명과 양식이 존재한다는 것만으로도, 백성
의 노동에서 비롯한 부가 '도시'라는 작품에 투자되기에 충분
한 조건이 됐다. 부르주아 시대에 이런 천 년의 전통이 종식됐
다. 아울러 이 시기에 고대 그리스 이래 철학자들이 정립한 합
리성과는 다른, 새로운 **합리성**이 등장했다.

철학적 이성은 인간, 세계, 역사, 사회에 대한 정의(반론의
여지가 있겠지만, 구조화된 추론으로 뒷받침되는)를 제시했다. 그
리고 철학의 민주적 일반화 덕분에 시민은 합리적 의견과 태
도를 표출할 수 있게 됐다. 이 지혜는 모든 시민이 자신과 관련
된 각각의 사실과 문제에 관해 합리적 의견을 가지거나 가질
거라는 사실을 전제했고, 비이성적인 요소들을 배제했다. 각
기 다른 사고와 의견의 대립을 해결하려면 하나의 우월한 이
유, 보편적 의지를 소환하는 보편적 지혜가 제시돼야 했다. 민
주주의 정치와 인본주의 실천의 어려움에 연관된 고전적 합리

주의를 고집할 필요는 없었다. 19세기, 특히 20세기 현실 사회의 다양한 계층에 실제로 적용할 수 있는 조직적 합리성이 형태를 갖췄다. 이 합리성은 기업과 생산의 주체인 경영자에게서 나왔을까? 아니면 국가와 도시계획 차원에서 나왔을까? 중요한 점은 그것이 극단까지 추론해서 정립한 **분석적 이성**이라는 사실이다. 이 이성은 여러 요소(생산 관리, 경제·사회 조직, 구조, 기능)를 되도록 세부적·체계적으로 분석하면서 작동한다. 그리고 이런 요소들이 최종 목적을 따르게 한다. 최종 목적은 어떻게 세울까? 누가 그것을 성찰하고 결정할까? 어떻게 그리고 왜? 바로 여기에 이 실용적 합리주의의 결점과 실패의 원인이 있다. 합리주의 지지자들은 순차적인 개입을 통해 결국 최종 목표에 도달할 수 있다고 주장한다. 그러나 그렇지 않다. 최종 목표, 말하자면 전체와 전체의 방향은 그것이 스스로 결정한다. 그것이 개입 자체에서 비롯한다는 믿음은 스스로 악순환에 가두는 결과를 낳는다. 그것은 개입에 목적과 의미를 부여하려는 분석적 의도의 결과일 뿐이다. 최종 목표는 결정의 대상이다. 그것은 (어떻게든) **이념**이 정당화하는 **전략**이다. 분석을 통해 목적을 끌어내고, 그것을 다시 분석의 대상으로 삼는 합리주의는 그 자체로 **이념**이다. **체계** 개념은 전략 개념을 포괄한다. 비판적 분석에서 체계는 스스로 전략처럼 밝히고, 결정(결정된 최종 목적)처럼 드러낸다. 앞서 **계급 전략**이 도시 현실의 분석과 분할, 파괴와 복구, 그런 전략적 결정이 내려진 사회에 어떻게 투영됐는지를 보여준 바 있다.

그러나 기술이 편중된 합리주의 관점에서 볼 때 검증된 과정을 바탕으로 나온 결과는 혼란에 불과하다. 그들이 비판적으로 관찰하는 도시 '현실'에서 ─ 교외와 도시 조직, 그리고 남아 있는 중심부 ─ 이 합리주의자들은 자기 존재의 조건을 모르고, 그들 눈에는 모순과 무질서만이 보이는 듯하다. 하지만 **변증법적 이성**만이 (반성적 사고와 실천적 경험을 통해) 실제로 복합적이고 역설적으로 모순적인 과정을 다룰 수 있다.

이 혼란스러운 무질서 속에서 어떻게 질서를 세울 것인가? 이것이 조직의 합리주의가 문제를 제기하는 방식이다. 이 무질서는 정상이 아니다. 그렇다면 어떻게 규범과 정상의 범주로 바로 세울 수 있을까? 이것은 생각할 수도 없는 일이다. 이 무질서는 비위생적이다. 이 근대 사회의 의사는 자신을 병든 사회적 공간의 의사로 간주한다. 최종 목적은? 치료법은? 그것은 **일관성**이다. 합리주의자는 혼란스러운 현실을 관찰하고, 거기에 자기 행위를 더하면서 일관성을 확립하거나 복구하려고 할 것이다. 일관성이 하나의 형태이며 따라서 목적보다는 수단이라는 것을, 또 그가 겉으로 드러난 무질서와 비일관성 속에 숨겨진 **주거의 논리**를 체계화하고 이것을 **현실의 일관성**을 향한 일관성 있는 방식의 출발점으로 삼으리라는 것을, 이 합리주의자는 스스로 깨닫지 못할 수도 있다. 사실, 도시계획적 성찰에서 유일하거나 단일한 방식은 존재하지 않지만, 작용합리주의와 관련해서는 식별할 수 있는 여러 가지 경향이 있다. 그중 몇몇은 합리주의를 **반대하고** 다른 몇몇은 **지지하면서** 극단적인 의견 표명에까지 이른다. 이것은 일반적으로 도시계획을 담당하는 사람들이 눈으로 보고, 손으로 그리는 도식화 작업으로 변환할 수 있는 것만을 이해하려는 경향에 제동을 건다.

따라서 다음과 같이 구분해볼 수 있다.

a) 선한 의지를 가진 사람들(건축가, 작가)의 도시계획

그들의 성찰과 계획은 특정한 철학을 내포한다. 일반적으로 그것은 고전적이고 자유로운 고대 인본주의와 관련있다. 그들은 심지어 고대 그리스 도시 국가 시대에 대해서도 향수를 느낀다. 그들은 '인간이라는 기준에 맞춰' '인간을 위한' 건설을 하고자 한다. 이 인본주의자들은 스스로 병든 사회를 고

치는 의사이자 새로운 사회적 관계의 창조자를 자처한다. 그들의 사상, 그들의 이상주의는 대체로 마을, 공동체, 지역, 도시 거주민을 위한 시민 건축물의 건립처럼 그들의 견해가 실험적으로 적용됐던 농촌의 사례에서 비롯했다. 그들은 '인간의 척도에서', '인간적 규모로' 건물과 도시를 세우고자 한다. 그러나 그들이 간과한 것은 근대 사회 '인간'은 과거의 규모와 척도(마을, 소도시)에서 진화해서 거대 척도가 됐다는 사실이다. 기껏해야, 이 전통은 **형식주의**(내용도 의미도 없는 형태)나 **탐미주의**(미적인 목적으로 과거의 형태를 사용하고, 소비자들의 입맛에 맞춘 형태)로 귀결될 뿐이다.

b) 공공(국가) 부문에 관련된 행정가들의 도시계획

이 도시계획은 과학을 지향한다. 때로는 과학에 통합되기 바라는 연구(다분야)에 바탕을 두기도 한다. 이 과학주의는 합리주의의 확고한 형태로 마치 외과수술을 하듯이 사회 문제에 개입하며, 사람들이 말하는 '인적 요소'를 무시하는 경향이 있다. 과학주의는 여러 경향으로 나뉘는데, 때로는 이런 과학을 통해 하나의 기술이 우세해지고 출발점이 되기도 한다. 일반적으로 그것은 순환과 소통의 기술이다. 그들은 하나의 과학, 혹은 현실 관찰에서 나온 단편적인 분석에서 시작해 분석의 영역을 확장해간다. 정보나 소통은 하나의 모델에 따라 최적화된다. 그들의 신화나 이념(기술 우위)에 힘입어 기술 관료적이고 체계화된 이 도시계획은 도시에 남아 있던 부분마저도 가차없이 파괴하며, 자동차와 도시적 소통과 증감하는 정보에 그 자리를 내준다. 그들이 공들여 만든 모델은 한때 도시였던 것의 잔해로 남은 사회적 존재마저 지워버린 다음에야 실현할 수 있었다.

가끔 이와 달리 다른 과학에서 제시된 정보와 분석적 지식이 종합적 결론을 유도하기도 했다. 그러나 **도시적 삶을 생각할 때 사회과학이 제공하는 정보는 별로 필요없다.** 이런 두가지 측면은, 철학, 사회 개념, 정치 전략(다시 말해 포괄적이고 전체적인 체계)에 연계된 **의사 결정의 중심,** 전체적 시각, 그 나름의 방식으로 이미 일체화된 도시계획의 개념을 혼동하게 한다.

c) 부동산 개발업자의 도시계획

그들은 공개적으로 시장에서 이익 추구를 우선시한다는 점을 밝히고 개발을 계획하고 실현했다. 최근 들어 새로운 점은 그들이 주택이나 건물이 아니라 **도시계획** 자체를 판다는 사실이다. 거기에 어떤 이념이 있건 없건, 도시계획은 교환가치가 됐다. 부동산 개발업자들의 계획은 기적처럼 달라질 일상의 삶을 위한 행복의 장소, 특권적 장소를 소유할 기회처럼 보인다. 주거에 대한 상상은 주거 논리에 포함되고, 이런 통합은 체계가 필요없는 사회적 실천을 제공한다. 이미 널리 알려진 이런 광고 문구들은 후대에 전달될 만한 가치가 있다. 왜냐면 광고가 이념이 되기 때문이다. 파를리 II[17]는 새로운 '삶의 기술', 새로운 '생활 양식'을 탄생시켰다. 일상성은 동화 같다. '외투는 입구의 물품 보관소에 던져놓으시고, 아이들을 넓은 회랑에 있는 놀이방에 맡기시고 나서, 한결 가벼워진 몸으로 장도 보시고, 친구들과 만나 와인바에서 한잔하세요.' 이것이 바로 삶의 기쁨을 구현한 이미지이다. 소비 사회는 질서, 즉 자기 소유물들의 질서, 행복해지는 질서로 표현된다. 여기 당신의 것이 되려고 준비된 행복이 있다. 망설이지 말고, 그 행복의 기회를 잡아라!

다양한 경향을 통해 **전체적인 전략**(다시 말해 일체화된 체계와 이미 전체적인 도시계획)이 그려진다. 그중 일부는 계획된 소비 사회를 대지 위에 구체화할 것이다. 그들은 쇼핑센터뿐 아니라 특혜를 얻은 소비 중심으로서 새롭게 변화한 도시를 건설할 것이다. 소비를 통한 행복이라는 이념을 '읽히게' 만듦으

---

17. Parly II: 파리의 동부 외곽지역에 위치한 대형 쇼핑센터. 역주.

로써, 그들은 새로운 사명을 구현한 도시계획을 통한 기쁨을 강요할 것이다. 이 도시계획은 만족을 관장하는 일상성을 (특히 수용적이고 참여적인 여성들을 위해) 계획한다. 계획되고 인공 지능화된 (컴퓨터를 통해 예측된) 소비는 사회 전체를 위한 규칙과 표준이 될 것이다. 다른 사람들은 **의사 결정의 중심**을 구축하고 정보, 훈련, 조직, 운영 같은 권력 수단을 집중할 것이다. 또는 다시 억압(폭력을 포함한 다양한 구속)과 설득(이념, 홍보)을 구사할 것이다. 이런 중심의 주변에 시 외곽 지역이나 탈도시화된 도시계획 대상 지역이 예상 제약 조건의 기준에 맞춰 대지에 분산될 것이다. 이처럼 모든 조건은 생산자이자 제품 소비자이며 공간의 소비자인 사람들을 완벽하게 지배하고, 세련되게 착취하기 위해 한데 집결한다.

따라서 이런 계획의 집중은 가장 큰 위험을 수반한다. **정치적으로도** 도시 사회의 문제를 초래한다. 거기서 새로운 모순이 드러나고 사회적 통합을 방해할 수도 있다. 만약 단일한 전략이 완성됐고 성공했다면, 그것은 아마도 되돌릴 수 없는 상황이었을 것이다.

제2장

철학과 도시

지금까지 문제 전반에 접근했으니, 이제 각각의 사안에 초점을 맞춰 살펴보기로 하자. 도시 문제를 철저하게 비판적으로 분석하고, 깊이 파고드는 출발점은 철학이 될 것이다. 그도 그럴 것이 이미 앞서 빈번히 철학을 언급하지 않았던가? 그런데 그 목적은 새로운 **도시 철학**을 제시하려는 것이 아니다. 반대로 철학 전체를 역사에 대입해 살펴보면서, 철학의 행태를 반박하려는 것이다. 이것은 철학만으로는 도달할 수 없었던 종합적이고 총체적인 **프로젝트**가 될 것이다. 그리고 그 다음 단계로, 개별 과학을 통해 도시 현실을 분리해 밝히는, **분석적** 실험을 다룰 것이다. 전문적이고 개별적인 분야의 과학을 통해 도출한 여러 결과를 바탕으로 완성한 제안을 부정한다면 - **정치적**으로 - 종합이 내포한 문제점을 드러내게 될 것이다. 이 과정에서 이미 알려졌고 공식화된 문제들도 더 선명하게 보일 것이다. 특히 **사용가치**(도시, 도시 생활, 도시의 시간)와 **교환가치**(사고파는 공간, 제품, 재화, 장소, 상징의 소비)의 대립이 명백히 밝혀질 것이다.

사변적인 체계를 세우고 전체를 조망하는 것을 목표로 삼는 철학적 성찰, 다시 말해 플라톤에서 헤겔에 이르는 고전 철학에서 도시는 이차적 주제나 다른 여러 주제 중 하나에 불과한 것이 아니었다. 좀 더 구체적으로 설명해야겠지만, 철학적 사고와 도시적 삶의 연관성은 성찰을 통해 명백하게 드러난다. 철학과 철학자들에게 고대 도시[1]나 현대 도시는 단순히 하나의 객관적 조건, 사회적 맥락, 외부 자료에 불과한 주제가 아니었다. 철학자들은 도시에 대해 성찰했고, 언어와 개념에 반영된 도시적 삶을 추적했다.

동양의 도시, 아시아의 생산방식, 그에 따른 '도시와 농촌'의 관계, 이를 바탕으로 형성된 이념(철학)이 제기한 문제들은 일단 제쳐두도록 하자. 지금은 '서구 사회'와 문명이 유래한 고

---

1. 저자는 글에 도시 관련 여러 용어를 구분해 사용하는데, 일반적으로 도시(cité)는 고대 도시국가의 도시나 근대 (노동자) 집단 거류지를 뜻하고, 도시(ville)는 중세 이후 도시를, 도시(urbain)는 산업화 이후 산업화와 도시계획을 통해 생성된 농촌과 반대되는 개념의 도시를 의미한다. 우리말로는 도시와 관련해 뚜렷이 구분된 표현을 찾기 어렵기에 같은 단어의 중첩으로 구분이 필요할 때 각각 고대 도시(cité), 도시(ville), 도회지(urbain)로 번역하고 원문을 함께 썼다. 역주.

대 도시(그리스·로마)만을 고려할 것이다. 이런 도시 공동체는 일반적으로 한 지역에 형성된 마을이나 부족이 모인 연합, 읍면 합병[synoecism 시노이시즘]의 결과이다. 이 단위에서는 토지에 대한 집합적인, 더 정확히는 '공동체적' 소유 개념을 유지하면서, 동시에 노동분업과 동산(돈)의 발달을 인정한다. 이처럼 공동체 내에서 소수 자유 시민이 여성, 아이, 노예, 외국인 같은 다른 구성원들 위에 군림하는 구조가 형성된다. 이런 도시 요소들은 노예와 다른 위치에 있는 활동적 시민에게 공동재산 형태('공동 사유재산' 또는 '사유화된 재산')로 귀속된다. 시민의 이런 연합은 민주주의를 구성하지만, 이 민주주의 요소들은 확고히 계층화되고 도시 자체의 통합 요구에 종속된다. 바로 이것이 '비자유 민주주의'(마르크스)이다. 고대 도시 시대에 순수하고 단순한 의미에서의 사유재산(돈, 토지, 노예)은 영토에 대한 도시의 권리를 훼손하지 않은 상태로 안정되고 집중됐다.

도시와 농촌의 분리는 성별과 나이에 따른 노동 분배(생물학적 분업), 작업 도구와 숙련도에 따른 노동 조직(기술적 분업)과 함께 최초의 본질적인 노동 분업으로 보인다. 도시와 농촌 노동의 사회적 분업은 각각 육체적 노동과 지적 노동, 결과적으로 자연적 노동과 정신적 노동의 분리와 상응한다. 도시는 조직과 관리 기능, 정치적 군사적 활동, 이론적 지식 개발(철학과 과학) 같은 지적 노동을 담당한다. 전체는 분리되어 여러 하위개념으로 나뉘는데, 피지스[Physis]와 로고스[Logos][2], 이론과 실천, 그리고 실천은 **프락시스**(Praxis, 인간 집단에 대한 행동), **포이에시스**(Poièsis, 작품의 창조), **테크네**(Techné, 기술로 무장하고 제품으로 유도되는 활동)의 구분을 포함한다. 노동의 실천적 현실이자 표상인 농촌에는 자연, 존재, 근원의 이미지가 부여된다. 도시에는 이런 표상이 실제 활동과 분리되지 않은 채 노력, 의지, 주관성, 성찰의 이미지가 부여된다. 이처럼 대조적인 이미지에서 위대한 상징들이 태어난다. 그리스 도시 주변과 그 위에 정돈되고 빛나는 공간이자 장소 위계의 최상인 **코스모스**[3]가 있다. 이탈리아 도시의 중심에는 노력과 시련의 어두운 시간이자 죽음과 삶의 위력이 빈번히 나타나는 신성하고 저주받

2. Physis, Logos: 하이데거의 해석에 따르면, 로고스의 원래 의미는 사물을 모아서 드러나게 하는 것을 의미하고, 피지스는 단어 그대로의 뜻인 자연을 넘어서 포착할 수 없는 '자연의 본질'에 가깝다고 본다. 역주.

3. cosmos: 그리스어(κόσμος)로 '질서'를 의미하며 '혼돈'을 의미하는 카오스(χάος)의 반대어이다. 고대 그리스인들은 주위 만물이 조화롭게, 질서 있게 어울리는 상태를 관념적인 우주로 생각했기에, 곧 우주를 가리키는 말이 되기도 했다. 역주.

은 구멍인 **세계**[monde][4]가 있다. 반발이 없지 않았지만, 그리스 도시에서는 질서를 바로잡는 이성의 빛나는 상징인 아폴론적 정신이 항상 승리를 거뒀다. 반면에 에트루리아-로마의 도시에서는 악마적인 면이 우세했다. 하지만 철학과 철학자는 총체성을 되찾거나 창조하고자 한다. 철학자는 분리를 용납하지 않는다. 그는 세계, 삶, 사회, 우주(그리고 이후에는 역사)가 더는 '전체'를 구성할 수 없다고 생각하지 않는다.

그러므로 철학은 노동이 분배되고 다양한 양식이 존재하는 도시에서 태어난다. 철학은 그 자체로 고유하고 전문화한 활동이 되지만, 파편화하지 않는다. 만약 그런다면 스스로 탄생한 과학과 구분할 수 없을 것이다. 철학자는 장인, 군인, 정치인의 의견을 따르지 않듯이 전문가들의 논리와 주장도 반박한다. 그의 근본적인 관심과 최종 목적은 체계에 따라 재발견되거나 창조된 총체성으로, 다시말해 생각과 존재, 말과 행동, 자연과 성찰, 세계(혹은 우주)와 인간 현실의 통합이다. 여기에는 **차이**(존재와 생각, 자연에서 온 것과 도시에서 온 것 등)에 대한 성찰이 빠짐없이 포함된다. 하이데거가 말했듯이 로고스(철학자들과 도시 생활을 위한 요소, 환경, 매개와 목적)는 눈앞에 열거하

---

4. 어원인 라틴어 'Mundus'는 세계, 장식, 구덩이 등을 뜻한다. 역주.

는 것, 모으고 수집하고 그것에 대해 깊이 생각하는 것, 말하고 소통하는 것, 밖으로 드러내 보이는 것이 동시다발적으로 일어나는 상태를 의미한다. 모으는 것은 수확이며 완성이다. '우리는 사물을 찾아 그것을 가지고 돌아온다. 이 단계에서는 그것을 헛간에 안전하게 두는 일이 우선이지만, 그 다음에는 그것의 보존에 관한 우려가 지배한다. (...) 수확이란 헛간에 둘 필요가 있는 것들을 추려내는 선별 작업 자체이다.' 수확은 이처럼, 그리고 이미 **사유**[思惟]이다. 모은 것은 비축된다. 말한다는 것은 사람들을 한데 모으는 수집 행위이다. '누군가'의 존재를 가정하고, 그 앞에서, 그를 위해서, 그에 의한 그의 실존을 선언하는 것은 이처럼 성공적이다. 이 존재는 명확하게 드러난다(하이데거가 '탈은폐'[5]라는 개념을 통해 말한 바와 같다). 따라서 철학과 연결된 도시는 로고스를 통해, 그리고 로고스 안에 영토의 부[副], 흩어져 있던 행위와 사람, (각자가 그것을 이미 모으고 사유했으리라고 예상되는) 말과 글을 한데 모은다. 농촌에서는 자연의 주기와 리듬에 따라 일어나고, 스러지고, 나누는 모든 것이 도시에서는 **동시에** 벌어진다. 도시는 '모든 것'을

---

5. Entbergung: 탈은폐와 은폐는 하이데거의 중심 개념 중 하나로 존재론적으로 진리(ἀλήθεια)는 존재 자체의 드러남(Ent-bergung)이고, 존재 자체의 드러남인 진리는 동시에 존재 자체를 감춘다. 한마디로 진리는 존재 자체의 탈은폐이기도 하고 은폐이기도 하다. 역주.

붙잡고 가둔다. 그러나 새롭게 태어난 로고스(이성) 안에 철학과 도시가 이처럼 결합한 상태로 있다고 해도, 이것은 데카르트가 말하는 '코기토'[6]의 주관성과는 다르다. 만약 그것이 '체계'를 구성한다면, 이는 통상적인 작동 방식이나 이 용어의 일반적 의미와 무관할 것이다.

도시의 형태와 그 내용물, 철학적 형태와 그 의미로 구성된 이 기본 단위에 도시 조직 자체를 연결할 수 있다. 이를테면, 특권이 부여된 중심부, 정치적 공간의 핵심, 로고스의 근거지가 있고, 그 앞에 시민이 '평등하게' 로고스의 지배를 받는 공간, 로고스로 (로고스를 위해, 로고스에 의해) 정당화된 합리성에 따라 분포된 지역과 공간이 있다.

그리스 도시의 로고스는 철학적 로고스와 분리될 수 없다. 도시의 작품은 철학자들의 작품에서 계속되고 집중된다. 철학자들은 의견과 판단, 다양한 작품을 모으며 그에 대해 성찰하고, 우주 안에서 도시적 장소, 세계 시간과 리듬에서 도시 시간과 리듬(그리고 그 반대의 상황도)처럼 전체성 안에서 서로 다른 점들을 재구축한다. 따라서 철학이 언어와 개념에 단지 고대

---

6. Cogito, ergo sum: "나는 생각한다. 그러므로 나는 존재한다."라고 말할 때 생각하는 '나'가 없다면 아무것도 존재할 수 없다는 데카르트의 주관성을 말한다. 역주.

도시의 도시적 삶만을 반영한다면 그것은 피상적인 역사성에 주목하는 행위일 뿐이다. 출현, 언어, 사색으로서의 도시는 사실상 철학자와 철학을 통해 이론적 깨달음에 이른다.

도시와 철학의 내적 관계를 살펴봤으니 이제 서구(유럽) 중세 시대로 넘어가자. **이 관계는 농촌에서 시작한다.** 로마 도시와 제국은 원시 공동체이자 군사 조직인 게르만 부족들에 의해 파괴됐다. 그렇게 통치권(도시, 재산, 생산 관계)이 해체되자 봉건적 토지 소유권이 생겼고, 농노가 노예를 대체했다. 도시가 탄생하면서 한편으로는 재산과 토지를 소유한(관습적 소유권이 있는 농민 공동체와 나중에 언급할 '각별한' 재산을 소유한 영주) 봉건적 조직이, 다른 한편으로는 직종과 도시를 소유한 동업 조합 조직이 나타났다. 처음에는 토지를 소유한 영주가 우세했어도 이런 이중 계층 구조는 소유와 토지 소유의 압도적 우위에 대한 비판을 내포했다. 그렇게 중세사회에서는 필연적으로 갈등이 깊어졌다. "약탈하는 기사들에 맞서 연합하여 힘을 합쳐야 할 필요성, 산업가가 장인이었던 시기에 공공 시장의 필요성, 부가 증가하던 도시로 금지령을 무시하고 몰려들었던 농노 간 경쟁, 전체적 봉건 조직이 동업 조합을 탄생시켰다. 장인 각자가 조금씩 축적한 자본과 인구 증가에도 일정하게 유지되던 그들의 수는 직인과 수습공 체계를 발전시켰다. 그 결과로 도시에서도 농촌과 비슷한 계층 구조를 형성했다." (마르크스) 이런 상황에서 신학은 스스로 철학에 종속됐다. 그리고 이제 철학은 도시에 대해 깊이 성찰하지 않았다. 철학자(신학자)는 **이중 위계질서**[double hiérachie]에 대해 숙고한다. 그는 갈등을 고려하거나 혹은 전혀 고려하지 않고 위계질서를 형상화한다. **우주**[cosmos](공간, 이 공간 안에 있는 물질들의 계층)와 **세계**[monde](유한 물질이 되는 것, 시간 속의 계층, 하강 또는 타락, 상승 또는 구원)에 관련된 상징과 개념들은 도시[cité]에 대한 인식을 지운다. 더는 두 개가 아니고 세 개의 계층(토지 봉건 세력, 동업 조합, 왕과 그의 국가기구)이 있게 된 순간부터, 성찰은 비판적인 차원을 되찾는다. 철학자와 철학이 다시 만나고, 더는 악마와 신 사이에서 선택할 필요가 없어졌다. 그렇다고 해서 철학이 도시와의 관계를 인정하는 것은 아니다. 합리주의의 부상은 자본주의(상업, 금융 그리고 산업)의 부상과 도시의 확장을 수반하지만, 이 합리주의는 때로 국가에, 때로 개인에 결부된다.

철학적 구상(사변적, 체계적, 관조적) 전성기에 헤겔의 관점에서 그리스 도시에서 볼 수 있었던, 사회와 국가를 활기차게

하던 사물과 이상의 온전한 일치, 이 훌륭한 통일성은 역사의 변화로 돌이킬 수 없이 파괴됐다. 근대 사회에서 국가는 도시를 포함한 요소와 재료들을 종속시켰다. 그러나 욕구 체계, 권리와 의무 체계, 가족과 국가(직업, 동업 조합) 체계, 예술과 미학 체계 등과 함께 도시는 이제 전체 철학·정치 체계에 하위 체계로 남아 있을 뿐이다.

헤겔에게 철학과 (실천적, 사회적) '실재(현실)'는 서로 무관하지 않다. 둘 사이 구분도 사라졌다. 철학은 실재를 깊이 성찰하고, 실재와 이상의 연결을 시도하는 데 그치지 않고 이상을 구현하는 합리[rationnel]로서 존재한다. 실재는 성찰, 지식, 의식을 위한 구실이 되는 것으로 만족하지 않는다. 역사에서 의미 있는 것은 – 그 의미를 획득한 것은 – 합리적인 것이 된다. 이처럼 실재하는 것과 합리적인 것은 서로 팽팽하게 줄을 당기고 있다. 각기 자기 위치에서 둘은 (이처럼 알려진) 자기 정체성을 향하며 작동한다. 합리적인 것은 본질적으로 철학이며 철학적 체계이다. 실재, 그것은 사회와 법 그리고 조직에 왕관을 씌워 공고히 하는 국가이다. 그 결과, 근대 국가에서 철학적 체계는 실재적이다. 헤겔의 철학에서 실재는 스스로 '합리적'이라고 인식한다. 체계에는 철학적·정치적 양면성이 있다. 헤겔은 합리가 실재로, 그리고 실재가 합리로 이행하는 역사의 운동을 포착했다. 역사가 생성한 것은 즉시 그 정체성이 판명된다. 그렇게 **철학이 실현된다.** 마르크스가 말했듯이 헤겔에게 세계의 철학은 곧 철학의 세계이다. 첫 번째 결과는 이제 더는 철학과 현실(역사적·사회적·정치적)을 분리할 수 없다는 것이다. 두 번째 결과는 철학자에게 더는 독립성이 없다는 것이다. 그는 다른 공무원처럼 공적 기능을 수행한다. 철학과 철학자는 국가의 합리적 현실에 (공무원과 중산층의 매개를 통해) 스스로 편입된다. 더 높은 수준의, 더 완벽한 합리성으로 부정돼 단지 하나의 사물(완벽하지만 사물에 불과한)로 전락해버린 도시에 철학은 이제 더는 동화되지 않는다. 마르크스는 헤겔의 주장을 본질적으로 반박하거나 부정하지 않았다. 철학은 실현된다. 이제 철학자에게는 사회적 실천을 거부하고 독립할 권리가 없다. 철학은 사회에 동화됐다. 여기에는 동시적으로 세계의 철학이 되고 철학의 세계가 되는 것, 즉 일체화(비분리의 인식과 재인식)를 향하는 경향이 있다. 그러나 마르크스는 헤겔 철학을 거부하고 수용하지 않았다. 역사는 끝나지 않는다. 일체에 도달하지 못했고, 모순도 해결되지 않았다. 철학은 사회적 지원을 위한 관료제와 더불어 국가에서 그리고 국가에 의해 실현되지 않는다. 프롤레타리아에게는 오직 그만이 분리 (소외)를 종식할 수 있다는 역사적 사명이 있다. 그의 임무에는 두 가지 측면이 있다. 그것은 또 다른 사회를 건설함으로써 부르주아 사회를 파괴할 임무, 그리고 인간 존재의 철학적 계획을 실현하기 위해 철학적 사변과 추상적 관념, 성찰과 인간 소외의 체계화를 폐기할 임무이다. 노동자 계급의 가능성은 이제 도덕이나 철학의 판단이 아니라 산업과 산업 생산, 생산력과 노동과의 관계에서 비롯할 뿐이다. 따라서 이런 세상을 전복해야 한다. 다른 형태의 사회에서 이성과 실재의 결합을 실현해야 한다.

이런 관점에서 볼 때 도시의 역사와 관련된 철학의 역사는 이제 초안이 만들어졌을 뿐, 완성되기는 요원한 듯하다. 이 역사에는 자연과 대지의 표현, 농업과 대지의 신성화(그리고 비신성화)와 관련해서 등장한 여러 주제에 대한 분석도 포함될 것이다. 그런 주제들은 나타나고, 옮겨지고, 때로 출현 지점으로부터 먼 곳에서(시간과 공간) 다시 힘을 얻는다. 옮겨진 지점과 영향을 주는 지점, 조건, 의미, 결과는 늘 일치하지 않는다. 주제는 우리가 '범주'라고 말하듯이 그것이 탄생한 지점과 다른 사회적 맥락과 범주에서 표현되고 포함된다. 예를 들어 우리는 그리스 도시의 운명과 관련된 것 같은 도시 문제에서 벗어나거나 그것을 피하기 위해 순환적인 미래나 존재의 숨겨진 부동성에 대한 통찰처럼 도시의 과거나 외부에서 가져온 우주적 주제를 제기하기도 했다. 이런 지적은 우리가 지금까지 관찰한 관계가 아직 명백하게 공식화되지 않았음을 보여준다.

오늘날 철학과 도시의 관계는 어떤 것일까? 모호하다. 저명한 현대 철학자들은 그들의 주제를 도시에서 가져오지 않는다. 바슐라르[7]는 '집'에 바치는 경탄할 만한 성찰을 남겼다. 하이데거는 그리스 도시와 로고스, 그리스 신전의 문제를 깊이 파고들었다. 그러나 '존재의 목자'나 '숲길'처럼 하이데거의 사상을 요약하는 은유는 도시가 아니라 과거의 원시적 삶에서 온 것이다. 하이데거가 빌려온 주제는 거주, **거주와 방랑**의 대립 같은 것이다. 다시 말해 '실존적' 성찰은 실천적·역사적·사회적 현실보다는 개인의 의식, 그리고 주제와 주체성의 시련을 바탕으로 전개된다.

그러나 철학이 도시에 대해 어떤 최종 결론을 내린 것 같지는 않다. 예를 들어 우리는 도시적 삶에 대한 **현상학적 묘사**를

7. Gaston Bachelard(1884-1962): 프랑스의 과학철학자, 문학비평가, 시인으로 프랑스 현대 사상사에 독보적인 존재로 평가된다. 여기서는 『공간의 시학(*La poétique de l'espace*)』(1957)에 나온 집의 몽환적 측면에 대한 분석을 언급한 것으로 보인다. 역주.

완벽하게 구상할 수 있다. 혹은 로고스가 그리스 도시에서 그랬듯이 오늘날 도시에 부합하는 도시적 현실에 대한 **기호학**을 제시할 수도 있다. 오직 철학과 철학자만이 개념 혹은 전체적인 비전의 탐구 같은 **전체성**을 제안한다. 도시를 관찰하는 행위는 이미 철학의 연장이고, 철학을 '도시' 안에 또는 도시를 철학 안에 재도입하는 행위가 아닐까? **전체성**의 개념이 단지 철학적이기만 하다면 공허한 상태로 남을 위험이 있는 것은 사실이다. 따라서 도시만의 문제로 국한하지 말고, 세계, 역사, '인간'과 연관해서 문제를 제기해야 한다.

게다가 많은 현대 사상가가 도시에 관해 성찰했다. 그들은 명백히 도시의 철학자가 되기를 원했던 것 같다. 그럼으로써 건축가와 도시계획자에게 영감을 주고, 도시 문제와 오래된 인본주의를 연결하고자 했다. 그러나 이런 철학은 규모가 빈약하다. 도시를 성찰하고 도시 철학을 제시했다고 주장하는 철학자들은 도시의 '본질'에 관해, 혹은 '정신', '삶', '생명의 도약', 존재에 관해, 혹은 '유기적인 전체'로서의 도시에 관해 장광설을 늘어놓는다. 요약하면, 도시는 때로 주제가 되고, 때로 추상적인 체계가 된다는 것이다. 이런 식으로는 어디에도 도달하지 못한다. 따라서 두 가지 결론을 낼 수 있다. 첫째,

철학적 사상의 역사는 도시(이 사상의 조건이자 내용)와의 관계로부터 복구할 수 있고, 또 그래야만 한다. 이것은 역사를 전체적인 관점에서 조망하는 방법 중 하나이다. 둘째, 이런 분절(articulation)은 철학과 도시의 문제(지식, 도시 문제의 공식화, 범위 개념, 설계 전략)에서 나타난다. 철학 개념들은 효과적이지는 않지만, 도시와 도회지 – 그리고 사회 전체 – 를 하나의 단위로서 분석적 단편들 저변과 그 너머에 위치시킨다. 여기서 분명히 드러난 철학과 그 역사의 특징은 예술과 그 역사에서도 명징하게 드러난다.

제3장

단편적인 과학과 도시 현실

(합리적 체계화에 실제적 전체성을 포함함으로써) 19세기 전체를 파악하려는 철학에 반발해서 사회적 현실을 다루는 여러 과학이 등장했다. 이런 과학은 각각 고유한 연구 방법, 활동 분야, 전문 분야를 통해 분석하고자 현실을 세분화했다. 한 세기가 끝나는 현재 시점에서 우리는 이런 과학이 단일한 현실에 차별화된 깨달음을 줬는지, 또는 그들이 적용한 분석적 세분화 기법이 서로 다른 목표, 구성, 수준, 의미에 부합했는지를 두고 여전히 논쟁하고 있다.

우리는 역사학자, 경제학자, 인구학자, 사회학자의 연구에 도시가 빠졌다고 주장할 수 없다. 각각의 전문분야는 도시 과학에 이바지한다. 이미 관찰하고 검증했듯이 역사는 도시의 기원을 밝히게 해줬고, 무엇보다도 도시사회 문제를 더 명확하게 파악하는 데 다른 어떤 과학보다도 큰 도움을 줬다. 역으로, 도시 현실에 대한 지식은 의심의 여지 없이 이미 실현된 것이나 과거의 사실뿐 아니라, 앞으로 가능해질 것(또는 가능성)과도 연관 지을 수 있다. 만약 실용적이고 기능적인 요구를 고려해서 쇼핑센터나 문화센터를 짓고자 한다면, 경제학자들의 말을 경청해야 할 것이다. 도시 현실의 분석에는 지리학자, 기후학자, 식물학자가 개입한다. 전체적이고 복합적인 환경 문제는 전문분야에 따라 세분화된다. 미래와 미래의 환경에 대해 수학적 계산은 분석에 필수적인 지표들을 제공한다. 그런데 이 모든 정보를 취합하는 사람은 누구일까? 이것은 하나의 계획, 다시 말해 하나의 전략이다. 그런데 다른 한편으로 한 가지 의혹이 생기고 확대된다. 도시에 대한 분석이 세분화돼 있으므로 지수와 지표, 변수와 매개변수, 상관관계, 사실의 집합, 설명 등 모든 요소를 종합하면 도시를 이해할 수 있을까? 세분화된 각각의 분석이 정확하지 않다는 것이 아니라, 정확한 분석만으로는 우리 삶을 설명할 수 없다는 것이다. 이 문제는 전문과학이 일반적으로 제기하는 질문과도 상통한다. 그중 하나는, 전체[global]에 이르기만을 추구하는 접근 방식이 본격적으로 철학적이지 않은 방법을 사용하는데도 오히려 철학의 방식을 상기시킨다는 것이다. 다른 하나는, 부분[partiel]에 관한 정보는 더 명확하지만 어수선하게 흩어져 있다는 것이다. 단편적인 과학에서 도시의 과학을 끌어낼 수 있을까? 그것은 사회, '인간' 또는 인간과 사회 현실에 대한 과학 중 하나에 지나지 않는다. 한편으로 내용 없는 개념, 다른 한편으로 개념 없는 내용이다. 또는 있는 그대로의 '도시'나 도시의 현실이라는 것은 존재하지 않고 오로지 일련의 상관관계만이 존재한다고, 그들은 확신한다. 그리고 개별 '주제'를 배제하거나 전체만이 지속한다고 주장하기도 한다. 또는 단 하나의 학문으로 외연 확대를 하거나 '학제 간' 전략에 의지해서 접근하고 문제를 이해하려고 한다. 하지만 다양한 주제를 초월하는 접근 방식 없이는 대상을 파악할 수 없다.

자세히 살펴보면, 우리는 도시 현실을 연구한 전문가들이 거의 언제나 (극단주의적 논리 실증주의를 제외하고) 전체적인 표현을 구사했음을 알 수 있다. 그들은 지식의 집합과 도시 현실을 재단하고 이어붙여 완성한 상태에 만족하면서도, 거기에 종합적 결론의 가치를 부여하기를 잊지 않는다. 그들은 전문가로서 자기 분야의 원칙을 적용한 분석에서 시작해서 최종 종합 단계에 이르는 것이 정당하다고 주장한다. 그들은 하나의 학문 혹은 여러 학제 간 공동 시도라는 방법을 통해 '종합적 인간'이 되고 싶어 한다. 그들은 대부분 도시(그리고 사회)를 **유기체**로 간주한다. 역사가들은 흔히 이런 개체를, 즉 도시를 '진화'나 '역사 발전'과 연계해 설명했다. 그리고 사회학자들은 도시를 '사회적 유기체' 같은 '집단적 존재'로 해석했다. 이처럼 유기체론, 진화론, 연속주의는 스스로 자신을 그 분야에서 독보적이라고 여기는 전문가들이 도시를 언급할 때 지배적으로 등장했다. 철학자들은 내용을 제대로 파악하지 못한 채 부분에서 전체로 넘어갔고, 자신의 접근 방식을 정당화하지 않은 채 사실에서 권리로 넘어갔다.

딜레마가 있었을까? 궁지에 몰렸을까? 그렇기도 하고 아니기도 하다. 은유적으로 표현하자면, 장애물이 앞을 가로막고 피해 가기 어려운 함정이 나타났다. 하지만 장애는 어떻게든 뛰어넘어야 한다. 부동산 투기 같은 부분적인 현실 문제 수준을 넘어서고, 경험과 지식의 모든 자료를 종합해서 전체성을 담보하는 최근의 **실천**, 즉 **도시계획**[urbanisme]이 바로 그런 해결책이다. **실천**[praxis]과 관련한 철학적 관점의 문제가 아니라, 도시계획적 사고가 전반적인 차원에서 실현된다는 의미이다. 최근 몇 년간 도시계획은 사회 전반에 꾸준히 관심을 보이면서 부분적인 기술과 적용(건설 공간의 규제와 관리)의 수준을 뛰어넘어 사회적 실천이 되려고 한다. 그런데 이 **사회적 실천의 문제는** (비판에 방점을 두고 말하자면), **도시계획 이론이 실천과 분리됨으로써 생기는 문제를 또다시 이론만으로 해결하려고 한다는 점이다.**

사회적 실천으로서 (서로 다른 정치적 구상의 대립을 거쳐야 하는 계획과 실천의 수준에 도달하지 못한 채) 도시계획은 이미 전문가들의 대립과 소통의 단계, 단편적 분석의 취합, 간단히 '**학제 간**[interdisciplinaire] 접근'이라고 부르는 초기 단계를 넘어섰다. 도시계획가는 자신의 부분적 지식을 적용한 실천에서 영감을 얻거나, 전체적인 현실 차원에서 가설이나 계획을 세워서 실행에 옮긴다. 첫 번째 경우, 부분적 지식 적용은 여러 지식 사이의 상대적 중요도를 판단하게 하는 결과를 낳는다. 모자라거나 빠진 것들을 실험적으로 보여주는 이런 결과는 실제 삶에서 부족한 것이 무엇인지를 알 수 있게 해준다. 두 번째 경우, 실패(또는 성공)는 전제에서 이념 요소를 찾아내고 전체 차원에서 정의하는 내용을 포착하게 해준다. 즉 이것은 분명히 '도시계획'이라고 부르는 활동에 대한 **비판적 검토**의 문제이며, 그들의 제안과 결정이 낳는 결과에 대한 의문을 제기하지 않고는 도시계획가의 말을 그대로 믿거나 따르지 말아야 한다는 것이다. 특히, 실천과 이론(이념) 사이, 부분적 지식과 결과 사이 괴리와 왜곡은 가려지지 않고 전면에 드러난다. 아울러 **사용**과 **사용자**에 관한 문제도 제기된다.

제4장

도시의 철학과 도시계획의 이념

도시 문제를 정식화하려면(여러 문제를 서로 연결해서 표현하려면) 다음과 같은 명확한 구분이 필요하다.

a) '호모 어바니쿠스[Homo urbanicus, 도시적 인간]'와 보편적 인간, 세계 혹은 우주, 사회, 역사를 동일시하며, 추론적으로 도시를 '전체성[globalité]'으로 인식하고 설명하는 도시 철학과 철학자.

b) 도시(도시의 요소, 기능, 구조)에 관한 한정된 지식.

c) 이 지식의 (특정한 맥락에서, 즉 전략적·정치적으로 정한 범위에서) 기술적 적용.

d) 이념적 주장(dogma)으로서의 도시계획, 다시 말해 부분적인 지식을 해석하고, 그것의 적용을 합리화하며, (확대 적용을 통해) 부실하거나 인정되지 않은 전체성[totalité]의 수준으로 끌어올리는 이념.

이런 분석을 통해 구분한 양태나 요소는 여러 작품에서 개별적으로 나타나지 않는다. 중복해서 나타나고 서로 보완하거나 서로 충돌한다. 플라톤은 『크리티아스』[1]에서 도시와 이상적인 도시 개념을 제안한다. 『국가』와 『법률』에서 플라톤 철학이 규정한 유토피아는 더 구체적인 분석으로 보완돼 나타난다. 이와 마찬가지로, 아리스토텔레스는 정치 저술을 통해 그리스 도시들, 특히 아테네의 구조를 연구했다.

오늘날에도 특히 루이스 멈퍼드[2]나 G. 바르데[3]는 단순한 도시 거주민이 아니라, 노동 분업과 사회 계급, 계급 투쟁에서 해방돼 자유롭게 공동체 운영에 협력하는 자유 시민으로 구성된 도시를 상상했다. 철학자로서 그들은 이처럼 이상적인 도시의 모델을 구상했다. 그들은 그리스 도시가 누리던 자유의 관점에서 20세기의 자유를 표현했다(하지만 이것은 이념적 허상이다. 당시에는 개인이나 집단이 아니라 도시 자체에만 자유가 부여됐다).

---

1. 플라톤의 『크리티아스』는 유토피아 사상의 철학적 기원이다. 아틀란티스에 용감하게 대적해 승리를 거둔 고대 아테네를 찬양하고 아테네의 건국 배경과 자연환경의 우수성, 선조가 이룩한 이상적인 사회상과 행적에 관해 이야기하며, 『국가』에서 언급한 이상향을 자세히 묘사한다. 역주.

2. Lewis Mumford(1895-1990): 미국의 건축 비평가, 문명 비평가, 역사가, 언론인. 고대부터 현대까지 도시적 특성과 본질에 관해 연구했다. 역주.

3. Gaston Bardet(1907-1989): 프랑스의 건축가이자 작가. 다양한 도시계획 사업을 진행했고, 근대 도시계획과 이상적 도시에 대한 에세이를 남겼다. 역주.

그들은 이상적이며 합리적인 도시와 동일시되는 고대 도시를 모델로 근대 도시를 구상했다. 여성, 노예, 외국인을 제외한 시민에게 국한된 민주주의의 장소이자 상징이었던 그리스의 아고라는 오늘날 도시 철학에서 일반적인 도시 사회의 상징이 됐다. 하지만 이것은 전형적인 이념 과장이다. 이런 도시 철학자들은 이 이념에 부분적인 지식을 결합하고, 부분적인 것에서 전체적인 것으로, 기초적인 것에서 완성된 것으로, 상대적인 것에서 절대적인 것으로 '횡단(비약)'하며 문자 그대로 이념화 작업을 부가했다. 르 코르뷔지에[4]는 도시 철학자로서 거주자와 도시 주거의 관계를 자연, 공기, 태양, 나무, 우주의 주기적 시간과 리듬을 통해 설명한다. 그는 이 형이상학적 관점에 근대 도시의 실제 문제들에 관한 이론의 여지가 없는 지식, 도시계획 이념과 실천을 돕는 지식, 건축가가 대지에 설계하는 몇 가지 예측 가능하고 미리 정해진 기능으로 도시 사회를 규정하는 기능주의를 결합한다. 건축가는 자신을 사상가이자 실천가인 '종합적 인간'으로 간주한다. 그는 인간관계를 정의하고 그것의 구조과 장식을 구상함으로써 인간관계를 창조할

---

4. Le Corbusier(1887-1965): 스위스 태생 프랑스 건축가. 집합주거 계획을 통해 건물을 수직으로 쌓아올림으로써 태양과 공기순환이 충분한 위생적인 주거를 구현하고, 자연의 손상을 최소화하며, 자연과 우주의 순환을 가까이 할 수 있다고 주장했다. 역주.

수 있다고 믿고 또 그렇게 되기를 바란다. 잘 알려진 사고의 지평과 연관된 관점에서 건축가는 자신을 창조주의 인간화한 존재, 즉 세상을 건축하는 존재라고 생각한다.

도시 철학(도시 이념)은 그 구조에 특정한 유형의 도시 개념이 포함된 사회의 상부구조[superstructure]처럼 등장했다. 인류의 귀중한 유산이 된 이 철학은 몇 가지 실질적인 지식을 포함한다는 이유로 과학성을 표방하는 다른 여러 주장과 함께 지금까지 살아남았다.

이념으로서 도시계획은 점점 더 구체화하는 여러 가지 공식을 포함하게 됐다. 근대 대도시 교통 문제, 신호와 정보 전달 문제에 대한 연구는 실질적인 지식과 응용 기술로 이어졌다. 도시를 정보와 의사결정의 중심이자, 교통과 의사소통의 네트워크로 정의한다고 선언한 것은 절대적 이념의 선언이다. 특히 자의적이고 위험한 축소-확대 과정을 통해 탄생한 이 이념은 마치 테러리스트가 자기주장을 그렇게 펼치듯이 스스로 완전한 진실이자 교리[dogme]임을 강조한다. 그리고 과학과 과학적 엄격성을 표방하면서 파이프, 도로, 계량기가 시민을 도시계획으로 인도한다. 혹은 더 나쁜 상황으로 몰아간다!

이 이념은 서로 굳게 결합된 정신적 측면과 사회적 측면을 포함한다. 정신적 측면에는 합리성과 조직 논리가 있고, 이 이념이 공식화한 시기는 현대 사회의 격동기인 1910년 무렵이었다(심각한 위기가 시작되고, 조직적 방법을 통해 이 위기를 해결하려는 시도가 우선 기업의 규모로, 이후에는 국제 규모로 전개됐다). 사회적 측면에서 보면, 시간이나 미래 개념은 무시된 채 오로지 공간 개념만이 전면에 드러났다. 이제 이념적으로 도시계획은 사회의 모든 문제를 공간의 문제로 간주하게 됐고, 역사와 의식에서 비롯한 모든 요소를 공간 개념으로 전환했다. 이것은 너무 단순화한 이분법적 사고이다. 사회가 제대로 기능하지 않는데, 공간에 병적 현상이 나타나지 않을까? 하지만 사람들은 거의 공식적으로 인정된 시간에 대한 공간의 우위를 사회적 질병을 일으키는 현실적 징후나 사회병리학적 지표로 인정하지 않는다. 또다시 더러운 공간과 깨끗한 공간을 머릿속에 떠올릴 뿐이다. 도시계획자는 병든 공간과 정신적·사회적 건강에 필수적인 공간을 구분할 줄 알아야 한다. 공간 치유사로서 그는 조화롭고 정상적이며 정상화되는 사회 공간을 설계할 능력을 갖춰야 한다. 그리고 그의 임무는 기존의 사회 현실이 이 새로운 공간에 자리 잡게 하는 데 있다(이것이 기하학적 공간, 추상적인 위상기하학적 공간 같은 것으로 보이는 것은 우연일까?).

　도시 철학과 이념적 도시계획에 대한 근본적인 비판은 이론이나 실천 차원에서 반드시 필요하다. 그것은 공공 위생을 위해서라도 그렇다. 하지만 주제와 맥락에 대한 오랜 연구, 엄격한 분석, 끈기 있는 연구 없이는 실현할 수 없다.

제5장

도시의 특수성
-도시와 작품

도시 철학은 자본주의 이전(다른 용어를 선호한다면, 산업화 이전) 사회에서 현실적으로 제기된 여러 문제에 대답해왔다. 그리고 기술로서, 이념으로서 도시계획은 앞서 설명했듯이 광범위한 도시의 위기에서 비롯한 다양한 요구에 대응해왔다. 이 위기는 경쟁적 자본주의의 여명이 밝아올 때(정확하게 말하자면 산업과 함께) 시작됐고, 계속해서 심화하는 중이다. **세계적 규모의 이 위기는 도시 현실의 새로운 측면들을 불거지게 했다.** 그동안 거의 이해하지 못했거나 잘못 이해했던 것들, 잘못 인식했던 것들이 밝혀졌다. 그런 변화는 도시의 역사와 도시에 대한 지식뿐 아니라 철학과 예술의 역사를 다시 돌아보게 했다. 최근까지 이론적 사고는 도시를 하나의 실체, 유기체, 무엇보다도 전체로 표현해왔다(그리고 이것의 가장 좋은 사례는 도시를 진화와 역사의 부분적 현상이라거나 이차적, 기초적, 우연적 요소로 축소하지 않는 경우를 들 수 있다). 이런 이론적 사고는 순전히 그리고 단순히 일반사를 반영한 국지적 효과, 단순한 결과에만 주목했다. 앞서 우리는 (유기체론, 진화론, 연속론처럼) 분류되고 인지된 이름으로 부르는 이런 표현을 비난한 바 있다. 왜냐면 이런 표현은 도시에 대한 이론 지식을 포함하지도 않고, 지식으로 인도하지도 않기 때문이다. 더구나 이것은 저급한 수준에서 학문적 연구를 방해하기까지 한다. 이런 표현은 개념이나 이론이라기보다 이념에 가깝다.

이제야 우리는 도시(도시적 현상)의 **특수성**을 파악하기 시작했다. 도시는 언제나 사회 전체, 그 구성요소(농촌과 농업, 공격과 방어 세력, 정치 세력, 국가 등), 그 역사와 관계를 맺어왔다. 사회가 변할 때 도시도 변한다. 그렇지만, 도시의 변모는 사회 전체의 변화에 따른 수동적 결과가 아니다. 또한, 도시는 본질적으로 직접성의 관계, 즉 사회를 구성하는 개인과 집단(가족, 조직된 단체, 직업 및 동업 조합 등) 사이의 직접적인 관계에 의존한다. 더욱이 도시는 이런 즉각적이고 직접적인 관계의 조직체로 축소되지도 않고, 그 변화에 따라 변형되지도 않는다. 도시는 **인접 질서**(많든 적든 전개되고, 조직되고, 구조화된 집단에 속한 개인의 관계, 그들 집단의 관계)와 **원격 질서**(국가나 교회처럼 거대하고 강력한 기관, 성문화됐든 아니든 사회를 지배하는 법이나 규칙, '문화'와 전반적 사회 기호 체계) 사이 중간 지점에 있다. 원격 질서는 '상위' 수준, 다시 말해 권한을 부여받은 수준에서 구성되고, 하위 질서가 자신을 받아들이게 한다. 이것은 겉으로 보기에 추상적이고, 형식적이며, 초감각적이고 초월적이며, 이념(종교적·정치적)을 벗어나 생각할 수 없다. 여기에는 도덕적·법적 원칙들도 포함된다. 이 원격 질서는 실용적·구체적 현실에 투영돼 작동함으로써 가시적으로 드러난다. 인접 질서를 통해, 인접 질서 안에서 구속력을 행사하고 이를 납득시킨다. 그것은 직접성에 의해, 그리고 직접성을 통해 분명해진다. 도시도 그런 **매개물** 중 하나이다. 도시는 인접 질서를 포함하고, 보존하고, 생산과 소유의 관계를 유지하며 재생산의 장소가 된다. 동시에 원격 질서에 포함돼 그것을 존속하게 하고, 구현하고, 대지(터)와 평면 위에 그리고 직접 연관된 삶에 투영한다. 도시는 그것을 새기고, 규정하고, 깊이 생각하지 않고는 그자체로 파악할 수 없을 정도로 광범위한 맥락에 있는 텍스트를 **쓴다.**

이처럼 도시는 단순한 물질적 제품이 아니라 예술적 결과물에 가까운 작품이다. 만약 도시의 생산과 도시 안에서 사회적 관계의 생산이 있다면, 그것은 사물의 생산이라기보다 인간에 의한 인간의 생산과 재생산이다. 도시에는 역사가 있다. 도시는 역사의 작품이고, 다시 말해 역사적 조건에서 그것을 실현한 과단성 있는 인간과 집단의 작품이다. 여러 가능성을 허용하면서 동시에 제한하는 이런 조건들은 그 가능성으로부터, 그 가능성 안에서, 그 가능성에 의해 태어난 것들을 설명하기에 절대 충분치 않다. 이것이 서양 중세에 도시가 형성된 방식이었다. 주로 상인과 은행가들이 활기를 불어넣었던 이 '도시'는 그들의 작품이었다. 역사가들은 도시를 단순히 거래 대상이자 돈벌이 기회였다고 판단할 수 있을까? 절대로 그렇지 않다. 이 상인과 은행가들은 상업 거래를 촉진하고 일반화해서 교환가치 영역을 확장했다. 그러나 그들에게 도시는 교환가치보다 사용가치가 훨씬 더 컸다. 이탈리아, 플랑드르, 영국과 프랑스의 도시 상인들은 그들의 도시를 모든 종류의 작품으로 장식된 예술 작품처럼 사랑했다. 그래서 역설적으로 상인과 은행가의 도시는 돈벌이, 이익, 교환가치, 시장, 요구와 제약보다 **사용**(즐거움, 아름다움, 만남의 장소의 매력)이 훨씬 우월한 도시 현실의 유형과 모델로 남아 있다. 아울러 제품과 화폐 거래로 형성된 부, 부를 통한 권력, 이 권력에 대한 냉소주의가 도시에 퍼졌고, 따라서 내부 질서가 규정됐다. 그런 이유로, 일부에게 중세 도시는 모델이자 원형[prototype]으로 남아 있다.

'생산'이라는 말은 물질적 상품과 실용적·물질적 사물의 생산을 의미하지만, 넓은 의미(작품과 사회적 관계의 생산)에서 역사적으로 지식, 문화, 예술작품, 문명의 생산 같은 도시의 생산을 의미하기도 했다. 차이를 무시하고 혼동하는 경우를 제외하면, 이런 생산 양식들은 별개로 분리되지 않는다. 인간에게 도시는 **대상**이었고 여전히 대상이다. 그러나 연필이나 종이처럼 편리하고 도구적인 물건과 같은 의미는 아니다. 도시의 객관성 혹은 개체성은 개인이나 집단이 그것을 수정하기 전에 받아들이는 **언어 활동**[langage]이나 **언어**[langue](특정 집단이 사용하는 특정 사회의 작품인 특정 언어)의 객관성에 가깝다고 하겠다. 또한, 우리는 이 '객관성'을 철학자의 오래된 추상적 사유의 대상이나 현실에서 쉽게 찾을 수 있는 일상적 사물보다는 오히려 누군가가 **쓴** 책[livre écrit] 같은 문화적 현실에 견줄 수 있다. 그런데 여기에는 주의가 필요하다. 내가 도시를 책이나 글[écriture](기호학적 체계)에 견준다고 해도, 그것의 매개로서의 특성을 잊어도 된다는 말은 아니다. 도시를 하나의 완결된 체계로 간주해서 구분한다고 해도 도시가 포함하는 것과 도시를 포함하는 것 중 어느 것으로도 도시를 분리해낼 수 없다. 기껏해야 도시는 하위 체계, 부분집합을 구성할 뿐이다. 이 도시라는 책에는 글과 함께 정신적이고 사회적인 구조와 형태가 투영돼 있다. 그리고 분석을 통해 글에서 출발해 맥락에 도달할 수는 있지만, 그것을 저절로 얻을 수는 없다. 거기에는 지적 작업과 성찰의 과정(추론, 귀납, 해석과 변환)이 필요하다. 전체성은 도시라는 글에 그대로 나타나지 않는다. 사전적 정의로는 **명백히** 드러나지 않는(투명하지 않은) 다른 수준의 현실이 있다. 도시는 **쓰고 규정한다.** 다시 말해 도시는 의미하고, 지시하고, 기록한다. 무엇을? 성찰을 통해 발견한 것을. 텍스트는 이념을 거치고, 또한 이념을 '반영한다'. 원격 질서는 인접 질서에 스스로 투영한다. 하지만 인접 질서가 원격 질서를 투명하게 **반영**하지는 않는다. 원격 질서는 매개를 통해 주변에 있는 것들을 종속시키지만, 스스로 자신을 제공하지는 않는다. 심지어 자신을 노출하지 않고 은폐한다. 이것은 우리가 질서, 세계, 혹은 전체의 초월성을 말할 필요도 없이, 도시가 작동하는 방식이다.

도시를 특정한 역사적·사회적 '주체들'의 작품으로 간주한다면, 별다른 어려움 없이 행동과 결과, 집단(또는 집단들)과 그들의 '제품'을 잘 구분할 수 있게 된다. 행위와 활동, 결정과 인도의 규칙적인 연결, 메시지, 기호 체계 없이는 작품도 없다. 또한, 사물 없이, 형상화할 재료 없이, 실제적이고 구체적인 현실없이, 대상지, '자연', 농촌이나 환경 없이는 작품도 없다. 사회적 관계는 구체적인 것에서 형성된다. 그것은 이 구체적인 세계로 축소되지도 않지만, 허황되지도 않고, 초월적인 세계로 사라지지도 않는다. 만약 사회적 현실이 형태와 관계를 내포한다면, 만약 그것이 분리됐거나 구체적이거나 기술적 대상에 상응하는 방식으로만 인식된다면, 그것은 대상이나 사물과의 연결이나 연관 없이는 존재하지 않는다. 이 점은 방법론적으로나 이론적으로 매우 중요하다. 그런 의미에서 물질적 형태와 사회적 형태를 구분할 필요가 있다. 아마도 여기서 우리는 현재의 즉각적인 현실, 실용적이고 구체적인 건축 데이터로서의 도시[ville]와 다른 한편으로 사고를 통해 구상하고 구축하고 구성하는 관계들로 형성된 사회적 현실로서의 **도회지**[urbain]를 구분해야 할 것이다. 그러나 이런 구분 방식은 위험하고, 제안된 명칭을 사용할 때도 위험을 감수해야 한다. 이렇게 표현된 **도회지**는 토지와 같은 물질적인 차원을 넘어서 본질, 정신, 영혼의 사변적 존재 방식에 따라 모습을 드러내고, 상상의 초월성 덕분에 구속과 기록에서 해방된 것처럼 보인다. 이 도회지라는 용어를 채택한다면, **도시**와 **도회지**의 관계는 혼란스러운 구분, 구체적인 무매개성으로의 축소 같은 형이상학을 피하면서 최대한 조심스럽게 정의해야 할 것이다. 도시적 삶과 도시 사회, 한마디로 **도회지**는 '형태'라는 실용적이며 구체적인 기반 없이는 성립할 수 없다. 기반이 있거나 없거나 둘 중하나다. 만약 **도회지**와 도시 사회가 이런 기초 없이 구상됐다면, 이는 그것을 단지 가능성으로만 인식했기 때문이다. 또 현실 사회의 본질이 도시계획적 사고와 지식 그리고 '성찰'을 통해 소위 통합과 구현을 추구하기 때문이다. 만약 그러지 못하면 이런 가능성은 사라져버린다. **도회지**는 영혼도, 정신도, 철학적 실체도 아니다.

제6장

연속성과 불연속성

역사가들이 말하는 간소화된 진화론이나 사회학자들이 말하는 초보적 수준의 연속성 같은 것에 포함된 유기체론은 그동안 도시 현실의 특수성을 가려왔다. 교육이나 사회사업처럼 이런 도시 현실을 '생성하는 사건'이나 행위는 기존 지식 수준을 벗어났다. 여기에서 생산하는 것은 창조하는 것이며, 다시 말해 생산 활동 이전에 존재하지 않았던 '무엇'인가를 태어나게 하는 것이다. 오랫동안 지식은 창조 앞에서 주저해왔다. 또는 창조가 합리성을 벗어난 것, 미지의 것에서 자연 발생하는 것으로 인식해왔다. 혹은 창조를 부정하거나 새로 태어난 것을 이미 존재했던 것이라며 깎아내렸다. 과학은 결정론적인 과학, 제약적인 지식을 원한다. 과학은 철학자들에게 출생, 쇠퇴, 변화, 소멸에 대한 탐구를 떠넘긴다. 이런 이유로 철학을 부인하는 사람들은 창조의 개념을 포기하는 것과 마찬가지이다.

도시 현상에 대한 연구는 이런 장애물과 딜레마를 극복하고 이미 알려진 내부의 갈등을 해결하는 데 그 목적이 있다.

유기체론 모델에 따라 구상된 역사와 사회학으로는 과거에도 지금도 **차이**를 포착하지 못한다. 창조의 의미를 훼손했듯이 차이의 의미도 지나치게 축소해서 희생시켰다. 이런 단순화 과정 사이의 관계는 포착하기 쉽다. 하지만 **특수한 것**은 이처럼 단순화된 도식을 벗어난다. 복잡하게 얽힌 (도시와 도회지의 위기를 포함한) 반복적 위기가 만들어내는 어스름한 빛 속에서, 가득 채워졌다고 굳게 믿는 '현실'의 균열 사이에서, 분석은 왜, 그리고 어떻게 전 세계적(경제적·사회적·정치적·문화적) 과정이 이후 즉각적이고 연역적으로 수반되는 창조적 행위 없이도 도시 공간을 만들고 도시를 형성했는지 이해할 수 있다. 사실, 이 과정이 도시의 시공간에 영향을 미쳤다면, 그것은 발명하고, (은유적으로 말하자면) 공간을 조각하고, 리듬을 부여하면서 집단이 거기에 편입돼 책임을 수용하고 **전유하도록** 허용했기 때문이다. 이 집단은 생활양식, 가족을 이루고 자녀를 양육하는 방식, 여성에게 크든 작든 역할을 부여하는 방식, 부를 사용하거나 전달하는 방식에도 혁신을 가져왔다. 일상생활의 이런 변화는 그 동기와는 상관없이 도시의 현실을 변화시켰다. 도시는 이처럼 복잡한 상호작용의 장소이자 배경이고, 무대이자 시험대였다.

역사와 사회학, 도시(그리고 도회지) 이론에서, 도시 시공간의 불연속성을 규명하는 작업에 그것을 남용해도 된다는 의미가 포함된 것은 아니다. 이론적으로 구분을 희생시키고 이를 유기체론과 연속주의로 대체해서도 안 된다. 만약 도시가 특정한 수준의 사회 현실로 나타나면, 일반적인 과정(가장 중요하고 알기 쉬운 사례는 상거래의 일반화, 국제적 산업화, 경쟁 자본주의의 설립이다)은 이 특정한 매개 이상으로는 전개되지 않는다. 다른 한편으로, 개인들이 서로 맺고 있는 직접적인 관계(가족, 이웃, 직업과 동업 조합, 직업 간의 분업 등)의 수준은 추상화[abstraction] 과정을 통하지 않고는 도시 현실과 분리되지 않는다. 이 추상화 과정을 '분리' 과정으로 대체하지 않는 것이 지식의 올바른 접근 방식이다. 사유가 분절을 중시하는 이유는 대상 현실을 와해시키기 위해서가 아니라 구획한 대상이 분절을 따르게 하는 데 있다. 가공의 연속성뿐 아니라 절대적인 분리나 불연속성으로 혼란에 빠지지 않게 하는 것, 그것이 방법론의 규칙이다. 그 결과, 현실의 여러 수준의 분절에 관한 연구는 이 수준 사이의 왜곡과 괴리를 잘 보이지 않게 하기보다 오히려 더 명백히 드러낸다.

도시는 상대적으로 연속적인 '전 세계적 상황'(예를 들어 여러 세대를 거치면서 교환의 결과나 합리성의 발전과 함께 물질적 생산이 증가하는 상황)의 변화만이 아니라 생산방식, '도농' 관계, 계급과 소유 상관 관계의 본질적 변화에 따라서도 진화한다. 여기서 올바른 접근 방식은 가장 보편적인 지식에서 출발해서 역사의 흐름과 단절에 관한 지식을 갖추고, 도시에서 그것이 어떻게 반영되거나 변질되는지를 살펴본 다음, 다시 반대 방향으로 도시 현실에 관한 부분적이고 고유한 지식에서 출발해서 전 세계적 맥락으로 나아가는 것이다.

도시와 도회지는 계급과 소유 관계에 따라 성립한 **기관**[institution] 없이는 이해할 수 없다. 그 자체로 영구적인 작품이자 행위가 되는 도시는 특정한 기관, 즉 행정 기관이 생기게 한다. 국가나 종교, 지배 이념에 관련된 가장 일반적인 기관은 정치적·군사적·종교적 도시에 근거지를 두고, 거기서 적절히 도시, 행정, 문화 기관과 공존한다. 따라서 이런 기관에는 심각한 사회 변화에도 중단되지 않는 주목할 만한 연속성이 있다.

동양에는 그들만의 생산 방식을 대지에서 구현하고 투영한 원인이자 결과인 동양의 도시가 예전에도 있었고 지금도 존재한다. 이런 방식에서 도시를 장악한 국가 권력은 넓은 농경지를 경제적으로 조직하고, 토지의 관개나 배수, 파종이나 수확 등 관리와 생산을 통제한다. 노예 제도가 있던 시대에는 -폭력적이거나 합법적 조처를 통해- 주변의 농업 지역을 조직화한 도시가 있었지만, 자유 농민(자영농)을 라티푼디움[1]형 소작농이 되게 함으로써 스스로 생산 기반을 무너뜨리는 결과를 낳았다. 서양에도 봉건적 생산방식이 지배하던 중세 도시가 있었다. 농업이 지배적이었던 봉건적 생산방식에 충실한 이 도시는 동시에 상업 거래가 이뤄지던 장소, 초기 부르주아와 봉건 귀족의 세력 다툼 현장으로서 영향력의 행사장이자 국가(왕실) 통치의 지렛대 역할도 했다. 마지막으로, 서양의 북아메리카에는 많건 적건 정치적으로 국가에 속한 형태로 나타나는 자본과 상업과 산업의 도시가 있었다. 도시의 형성은 자본주의의 부상을 동반했고, 부르주아는 사회 전반을 관리하는 데 필요한 권력을 독점하는 방법을 알고 있었다.

불연속성은 도시들이 형성되는 과정만이 아니라 가장 일반적인 사회적 관계, 직접적인 개인 관계에도 존재한다. 도시

---

1. latifundium: 기원전 2세기 로마에서 포에니 전쟁의 결과 귀족과 상류층 시민이 소유하게 된 광대한 토지를 전쟁 포로와 노예가 경작하게 한 제도이다. 역주.

는 대략 중세 8세기부터 형성됐지만, 현대적 대도시의 폭발적 성장과 함께 중세적 도시 중심이 와해되는 경향이 나타났다. 반면에 많은 중소형 도시에서 도심은 사라지지 않고 여전히 존속한다. 오늘날 (도심이 없다면 그마저도 사라졌을) **중심성의** 이미지를 보존하는 도심은 그 기원이 고대까지 거슬러 올라간다. 지속에 대한 환상과 진화론적 이념이 이런 현상에 작용하고 있다는 데는 별다른 이견이 없을 것이다. 이 환상과 이념은 도시와 도회지의 변화에서, 특히 '연속성–불연속성'의 관계에서 변증법적인 움직임을 은폐했다. 도시 개발 과정에서 도심의 **형태**는 **기능**으로 바뀌어 그것을 계승하고 변형하는 **구조**에 편입된다. 이처럼 유럽 중세 시대부터 활성화된 상업 교류는 '상업 도시'(광장, 시장, 넓은 장소 주변에 자리 잡은 상인들을 완전히 통합했다)라는 주목할 만한 형태의 도시를 만들었다. 산업화 이래로, 이런 지역 시장은 도시 생활에서 그리고 도시와 농촌 환경의 관계에서 단 하나의 기능만을 가지고 있었다. **형태는 기능이 되고, 새로운 구조 속으로 들어간다.** 그런데도 도시계획가들은 그들이 최근에 쇼핑센터를 발명했다고 믿었다. 그들은 주거 기능으로 축소된 단순한 공간에 차별화된 풍요로움을 부여하는 '상업적 중심성'이라는 개념을 생각해냈다. 그러나

이 도시계획가들은 농촌과의 역사적 관계, 부르주아와 봉건 영주의 투쟁, 왕국과 제국의 정치적 관계, 그 결과 지역 교류라는 하나의 기능으로 축소된 중세 도시를 재발견했을 뿐이다.

도시의 형태, 구조, 기능은 (도시 안에서, 도시와 도시 영향권에 속하거나 통제받는 영토와의 관계에서, 사회와 국가의 교류에서) 서로 영향을 주고받으며 진화했는데, 이 변화 과정을 오늘날 사고를 통해 재구성하고 파악할 수 있다. 도시의 형성은 성장, 절정, 쇠퇴의 단계를 겪는다. 그리고 그 파편과 잔해는 다른 도시의 형성에 사용된다. 역사적 흐름에서 특정한 수준(전체적 변화의 하부에 있지만, 직접적·지역적으로 뿌리내린 상태로 흔히 대지의 신성화와 연관돼 거의 영구적으로 지속하는 관계)에서 도시는 결정적인 순간들을 거쳐 왔다. 파괴와 재건은 시간과 공간 속에서 끊임없이 계속되고 대지에 반영되며 실제적·감각적 대상에 새겨지고 도시 텍스트에 기록되지만, 이 과정은 다른 곳에서, 즉 역사에서, 미래에서 발원한다. 초감각적인 영역에서 발원한다는 것이 아니라 다른 수준에서 발원한다는 것이다. 지역의 행위와 행위자는 도시에 흔적을 남겼지만, 또한 생산과 소유의 비인격적 관계, 결과적으로 계급과 계급투쟁의 비인격적 관계, 즉 이념(종교나 철학, 다시 말해 윤리, 미학, 법률 등)에도 흔적을 남겼다. 전반적인 계획을 현장에, 그리고 도시의 특정한 부분에 반영하는 작업은 여러 매개를 통해서만 완성된다. 그 자체로 매개가 되는 도시는 장소이자, 그 매개의 결과이고, 활동의 근거지이자, 제안의 대상이고 목적이었다. 전체 과정과 일반 관계는 도시 텍스트에 기록되는데, 정치적 경향과 전략으로 해석된 이념을 통해서만 도시 텍스트에 새겨진다. 따라서 이제는 언어학, 도시 언어, 도시를 마치 기호의 총체로 간주하는 도시 현실에서 출발해서 도시를 **하나**의 의미론적, 기호학적, 기호론적 체계로 파악해야 한다는 어려움이 생긴다. 특정한 수준에서 전체를 투영하는 동안, 사회의 일반 규범이 수정된다. 도시의 특정한 규범은 그 원형과 기원이 없으면 이해할 수 없는 변조된 버전의 번역본이다. 그렇다, 도시는 쓰이고, 도시는 쓰인 글이므로 도시는 읽힌다. 그러나 문맥에 의존하지 않고 이 텍스트를 읽는다면 온전하지 않다. 이 글을, 이 언어를 쓰거나 도시의 메타언어를 구사하는 것이 도시와 도회지를 안다는 의미는 아니다. 문맥, 즉 해독할 텍스트의 기저에 있는 것(일상생활, 직접적 관계, **도회지의 무의식**, 거의 말하지 않고 훨씬 적게 쓰인 것, 거주 공간에 숨겨진 것, 성생활과 가족생활, 대면해서는 거의 드러나지 않는 것)과 이 도시 텍스트 **너머**에 있는 것

(기관, 이념)은 텍스트 해독에 반드시 필요하다. 책 한 권으로는 충분하지 않다. 읽고 또 읽어야 한다. 그럴수록 좋다. 비판적으로 독서하면 더 좋을 것이다. 더 나을 것이다. 그리고 기존 지식에 물어야 한다. '누가 무엇을? 어떻게? 왜? 누구를 위해서?' 이런 질문은 도시 맥락의 재구성을 요구하고 선포한다. 도시는 **하나의** 체계로 한정되고 완성되거나 하나의 의미 체계만으로 인식될 수 없다. 이런 도시 현실 **수준**에 대한 고려는 다른 사례와 마찬가지로 체계화를 허락하지 않는다. 그래도 농촌, 밀접한 삶의 방식, 종교나 정치 이념에서 비롯한 것들을 포함해서 도시는 모든 의미를 포착해서 말하고 쓸 수 있는(규정하고 '의미하는') 능력을 유일하게 **갖추고** 있었다. 도시의 기념비와 축제에는 그런 **의미**가 있다.

결정적인 시기마다 도시의 자발적인 성장이 정체되고 그때까지 지배적이었던 사회적 관계들이 지향했던 도시 개발이 중단되면, 그제야 도시에 관한 성찰이 시작된다. 계속해서 증대되는 합리성이나 내적 조화라기보다는 (비록 도시에 대한 환상은 주기적으로 반복되겠지만) 변화의 징조에 가까운 이 성찰은 도시 철학을 도시적 삶에서 치유 방법의 모색이나 도시 공간을 위한 행동 계획에 포함시키기도 한다. 이렇듯 우려를 합리성이나 조직성과 혼동하는 것은 이미 예전에 폐기된 **이념적** 행태이다. 그리고 이런 이념을 통해 개념과 이론은 어렵사리 길을 개척했다.

이 지점에서 도시를 다시 정의하는 것이 좋을 듯싶다. 만약 개념이 그것을 전파하는 이념에서 점차 해방된다는 것이 사실이라면, 이 과정에서 개념에 대한 일정한 정의를 부여해야 한다. 이처럼 도시에 대한 첫 번째 정의로 나는 **대지에 투영된 사회**라는 개념을 제안한다. 다시 말해 도시는 구체적인 장소뿐 아니라, 사고를 통해 고안되고 도시와 도회지를 구분짓는 특정한 평면에 사회를 투영한다는 것이다. 이 정의를 둘러싼 긴 논란은 과연 무엇이 부족한지를 보여줬다. 우선, 추가적인 설명이 필요하다. 여기에 각인되고 투영되는 것은 원격 질서, 사회적 총체성, 생산방식, 일반 규범뿐 아니라 시간, 더 정확하게 말해서 시기나 리듬이기도 하다. 도시가 두서없이 쓰인 글처럼 읽히듯이 도시를 음악처럼 들을 수 있다. 두 번째로, 앞에서 했던 정의에 대한 보완이 필요하다. 도시에 대한 일반적인 정의는 일부 역사적, 포괄적 혹은 유전적 차이는 강조하지만, 역사에서 비롯한 도시의 유형 사이, 도시에서 이뤄지는 분업 효과 사이, 지속적으로 '도시-영토' 사이에 존재하는 현실적인 다른 차이점들은 무시한다. 따라서 첫 번째 정의와 충돌하지 않는 또 다른 정의를 내리자면, 그것은 **차이점들의 집합**으로서의 도시이다. 이번에는 이 정의가 충분하지 않다는 사실이 드러난다. 보편성보다 특수성을 더 강조하면서 도시 생활의 특성, 도시적 생활양식, 정확히 말하자면 **거주한다**[habiter]라는 사실에 주목하지 않았다. 따라서 다원성[pluralité]을 담보하며 도시적 삶이 전개되는 여러 가지 **패턴**과 방식(파빌리온, 공동주거, 공동소유, 임대, 일상생활과 지식인, 수공업자, 상인, 노동자 등의 주거 양상)으로 나타나는 도시에서의 공존과 동시성을 통해 또 다른 정의를 제시할 수 있다.

이런 (사회적 현실 수준과 관련한) 정의들은 완벽할 수 없고, 또 다른 정의들을 배제하지도 않는다. 만약 어떤 이론가가 도시를 대립과 **욕망**과 **욕구**, 만족과 불만족이 공존하는(충돌하는) 관계의 장소로 이해하고 '욕망의 장소'라고 정의한다면, 이런 정의도 역시 검토하고 고려해야 한다. 특히, 도시에 대한 여러 정의가 '심리학'이라는 단편적 과학의 영역에만 국한돼 있으므로 과연 의미가 있는지 **확실**치 않다. 게다가 도시의 역사적 역할, 즉 과정의 가속화(거래와 시장, 지식과 자본의 축적, 자본 집중)와 혁명 현장으로서의 역할도 평가해야 한다.

오늘날 근대 도시는 의사 결정의 중심이 되거나 의사 결정의 중심을 결속함으로써 사회 전반(노동계층뿐 아니라 다른 비지배 사회계층)의 **착취**를 조직하고 강화한다. 이것은 **도회지**가 수동적인 생산 장소이거나 자본의 집중 장소가 아니라, 그 자체로 생산(생산수단)에 개입한다는 것을 뜻한다.

제7장

현실의 수준과 분석의 수준

앞서 언급한 사항들을 통해 도시 현상(도시의 사회적·구체적 형태, 혹은 도시와 도회지, 그 둘의 연결)의 분석에 모든 방법론적 도구(형태, 기능, 구조, 수준, 차원, 텍스트, 문맥, 연구 영역과 전체 대상, 쓰기와 읽기, 체계, 기표[記標]와 기의[記意], 언어와 메타언어, 기관 등)의 사용이 필요하다는 사실을 충분히 보여줬다. 다른 한편으로 우리는 이 용어 중 어떤 것도 완벽하게 순수한 정의에 도달할 수 없고, 모호성을 완벽하게 배제할 수 없으며, 다의성(多義性)을 완벽하게 벗어나지 못했음을 알고 있다. 예를 들어 **형태**[forme]라는 단어는 논리학자, 문학평론가, 미학자, 언어학자에게 서로 다른 의미가 있다.

도시와 도회지 이론가는 이런 용어를 **동시성의 형태**, 만남과 교류의 장으로 정의할지도 모른다. 그러나 **형태**라는 용어는 더 구체적으로 적용할 필요가 있다. **기능**[fonction]이라는 용어를 보자. 분석을 통해서 도시 내부의 기능, 영토와 관련한 도시의 기능(농촌, 농업, 마을과 촌락, 네트워크에 종속되는 소규모 도시), 그리고 사회 전체에서 각 도시의 기능(각 도시의 기술과 사회적 분업, 다양한 관계 네트워크, 행정적·정치적 위계)을 구분해볼 수 있다. **구조**[structure]도 마찬가지다. 도시의 구조(각 도시의 형태학적·사회적·지형학적·변증법적 구조), 사회의 도시 구조, 그리고 도시·농촌 관계의 사회적 구조가 있다. 따라서 이런 용어들은 분석적이고 부분적으로 정의하기에 너무 복잡하게 얽혀 있고, 전반적 개념을 포착하기 어렵다. 여기서는 다른 곳과 마찬가지로 **세 가지** 용어를 가장 자주 마주치게 되는데, 서로 갈등을 일으키는 (변증법적) 관계는 **용어와 용어**의 대립 아래 감춰진다. 또한, 여기에는 앞서 우리가 보여주고자 했듯이 일반적(총체적) 과정, 특수성과 매개적 수준으로서의 도시, 그리고 (생활방식, 거주방식, 일상을 조절하는 방식과 연결된) 즉각성 [immédiateté]의 관계가 있다. 따라서 우리가 그것들을 분리하거나 혼동할 수 없을 정도로 이런 수준에 대해 더 구체적인 정의를 할 필요가 있는데, 이를 위해서는 분절과 분리, 상호 투영, 다양한 연결 상태를 보여주는 것이 좋을 듯싶다.

가장 높은 수준은 도시 위에 있으면서 **동시에** 도시 안에도 있다. 이런 특성이 분석을 어렵게 한다. 사회 구조는 도시 안에 나타나고, 거기서 스스로 구체화하고, 거기에 질서를 부여한다. 반대로 도시는 전체 사회의 일부일 뿐이다. 도시는 민감한 주제에 제도와 이념을 포함하고 일체화함으로써 스스로 드러난다. 왕실, 황실, 대통령의 건물은 도시의 일부인 정치적 국면(수도)이다. 이 건물들은 제도나 지배적 사회 관계와 반드시 일치하지는 않는다. 그런데도 이런 관계는 건물에 작용해서 사회적 '존재'와 유효성을 나타낸다. 이처럼 도시는 특정한 수준에서 반영한 관계들을 포함한다. 이런 분석을 개별 사례를 들어 설명하고 구체화해보자. 파리의 사회 질서는 내무부에서 최고 수준으로 나타나고, 경찰청과 지역 경찰서, 그리고 세계 규모를 기준으로 혹은 지하에서 활동하는 경찰 조직에서 특정한 수준으로 나타난다. 종교 이념은 대성당이나 큰 교회 조직의 본부 같은 큰 규모뿐 아니라 작은 교회, 지역 목사, 제도화된 종교 관행에 따른 다양한 지역 투자를 통해서도 나타난다.

이 수준에서 도시는 (실용적이며 구체적인, 혹은 한편으로 물질적이고 다른 편으로 사회적인) 이중적 형태와 함께 집단들의 집단이라는 형태로 나타난다. 도시에는 서비스, 문제, 정보 채널, 조직망, 의사결정 권한이 있는 지방 자치단체처럼 특정한 기관을 중심으로 적용되는 운영 규범이 있다. 도시계획에 반영되는 사회 구조는 도시 고유의 현상, 그런 도시 자체, 도시 생활의 다양한 표현을 배제하지 않는다. 역설적이게도, 이런 수준에서 볼 때 도시는 공공건물, 기념물, 광장, 거리, 크고 작은 공간처럼 사람이 살지 않거나 살 수 없는 공간으로 구성돼 있다. 이처럼 도시의 기능은 '주거'만이 아니고, 이런 분리된 기능만으로는 도시를 정의할 수 없다는 사실이 명백해진다.

생태학 수준에서 거주는 필수적이다. 도시는 거주를 포함한다. 거주지는 형태이고, '사생활' 공간의 외양이며, 정보를 주고받고 (인접 질서에 원격 질서를 강요하는) 명령을 전달하는 네트워크의 출발점이자 도착점이다.

이 문제에 접근하는 데는 두 가지 방식이 있다. 첫 번째는 가장 일반적인 것에서 가장 특수한 것으로(제도에서 일상으로) 이동하면서 도시를 특정한 계획이나 (상대적으로) 특권적인 매개로 발견하는 방식이다. 두 번째는 이 계획에서 출발해서 도시에서 관찰할 수 있는 것의 요소와 의미를 확인하고 일반성을 확인하는 방식이다. 이 방식을 통해 관찰할 수 있는 대상, '사적인' 것, 숨겨진 일상생활(리듬, 점유, 시공간적 구성, 은밀한 '문화', 숨겨진 생활)에 도달할 수 있다.

이소토피아[isotopies]는 정치적·문화적·상업적 공간 등 각 수준에서 정의된다. 이와 관련해서 또 다른 수준은 헤테로토피아[heterotopies]로 드러난다.[1] 그리고 이소토피아-헤테로토피아의 관계에 포함되는 공간적 대립이 각각의 수준에서 발견된다. 집합 '주거'와 교외 주택 '주거'를 예로 들어보자. 다른 도시들을 포함하거나 다른 도시들과 중첩되는 도시 전체가 가장 넓은 이소토피아를 구정한다는 점에서 특정한 차원의 공간들은 이런 이소토피아-헤테로토피아의 기준에 따라 분류될 수 있다. 이런 대립을 기준으로 한 분류에는 여러 수준의 분석뿐 아니라 서로 충돌하는 측면(특히 계층 관계)이 있는 전체적 경향에 대한 분석 또한 배제할 수 없다. 생태학 관점에서 거주는 기표의 종합과 부분적 기호 체계를 구성하는데, 그중에서 '교외 주택 단지의 세계'는 특별히 흥미로운 사례를 보여준다. 거주 수준의 구분은 (각 수준이 차례로 하위 수준을 함축하면서) 필수적인 관계 분석에 매우 유용하다. 예를 들어 프랑스에서

---

1. 앙리 르페브르는 『도시혁명』에서 도시화의 역사를 여행에 빗대어 변증법적으로 설명한다. 여기서 그는 세 종류의 공간 유형을 정의한다. 동일한 공간-이소토피아(유사한 주택들의 블록처럼 비교하고 정량화하고 매핑할 수 있는 공간, 질서의 공간, 합리적이고, 포함하는 공간) 다른 장소-헤테로토피아(카라반세라이나 신생 도시 외곽의 장터같은 차이의 공간, 모호하고 배타적이면서 동시에 얽힌 공간), 비(非)장소-유토피아(몬트리올 엑스포 축제 공간 같은, 의식의 공간이자 상상의 공간). 역주.

'교외주거의 가치'가 어떻게 사회 의식과 다른 유형의 주택에서 '가치'의 기준이 됐는지 생각해보자. 포함-배제의 관계, 도시 특정 지역에 대한 소속-비소속의 관계 분석은 도시 이론에서 매우 중요한 이 현상에 도달하게 한다.

도시는 특정한 계획을 통해 정치적·종교적·철학적 의미를 얻는다. 건물과 기념물을 통해, – 또는 거기서 들리는 목소리를 통해 – 거리와 광장을 통해, 빈 장소를 통해, (가치가 부여된 변별적인 장소와 함께) 축제나 의식 등 거기서 벌어지는 동시다발적인 만남을 통해 그런 계기들을 **포착한다.** 도시에는 쓰기뿐 아니라 말하기 언어가 있고, 이 구어는 문어보다 더 중요하다. 도시에서는 삶과 죽음, 기쁨과 불행이 말로 표출된다. 도시에는 이 언어를 통해 기표의 총체를 생산하는 능력이 있다. 그러나 앞서 지적했듯이 도시는 이 작업을 자발적으로 혹은 무상으로 하지 않는다. 시민도 도시에 그것을 요구하지 않는다. 쇠퇴의 징후인 미학은 뒤늦게 나타난다. 도시계획도 마찬가지이다! 도시는 의미, 동시성과 만남, '도시' 구어와 문어의 형태를 통해 고유한 **질서를** 드러낸다. 그렇게 원격 질서가 인접 질서에 투영된다. 원격 질서는 절대 혹은 거의 단일화되지 않는다. 여기에는 종교적 질서, 정치적 질서, 도덕적 질서가 있으며,

각각은 실천적 의미가 내포된 이념으로 되돌아간다. 이 질서 사이에서 도시는 계획을 통해 단일성, 혹은 더 정확히 말해 통합주의[syncretism]를 실현한다. 그 질서들에 절대적 가치를 부여하고, 그들 사이에 존재하는 경쟁과 갈등을 은폐한다. 그리고 이를 행동 **지침**과 업무 목록으로 전환한다. 그리고 업무 목록과 함께 장소, 시간, 담당, 각자의 위계를 세밀하게 규정한다. 아울러 새로운 형태의 도시 생활이 가능하다면, 그것을 절대적인 규칙으로 삼아 양식화한다. 이런 양식은 그 자체로 **건축적** 특징을 드러내고 예술과 예술품 연구에도 영향을 미친다.

따라서 도시의 기호학은 이론으로나 실제로나 가장 큰 관심사이다. 도시는 메시지를 보내고 받는다. 이런 메시지는 이해할 수도 있고, 그러지 못할 수도 있다(기호화되고 해독되거나 그러지 못할 수도 있다). 그것은 언어학에서 말하는 기표와 기의, 의미 작용과 의미 개념에 따라 파악될 수 있다. 그런데 도시를 의미 작용과 의미, 따라서 가치 **체계**(고유한 체계)로 간주하는 데는 신중함이 필요하다. 왜냐면 다른 분야처럼 여기에도 **여러 체계**(또는 여러 하위 체계)가 있기 때문이다. 도시 기호학은 도시의 실용적이거나 이념적인 현실을 완전히 담아내지 못한다. 게다가 의미 체계로서의 도시 이론은 이념을 지향하는 경향이 있다. 그것은 대상을 '기표-기의' 관계로 환원하고 실제로 파악한 의미를 확대 적용하면서 **도회지**를 형태적 기반과 사회적 실체와 분리한다. 물론 순진한 접근이다. 만약 보로로 마을[2]이 상징처럼 작용하고, 그리스 도시는 의미로 가득하다는 것이 사실이라면, 우리는 근대성의 기호로 충만한 여러 개의 광대한 보로로 마을을 건설해야 할까, 아니면 새로운 도시 중심에 의미가 있는 아고라를 복원해야 할까?

'기표-기의' 형태의 관계가 보여주는 물신화[fétichisation]에는 더 심각한 결점이 있다. 그것은 통제된 소비 이념을 수동적으로 받아들이고, 심지어 소비 이념에 이바지한다는 것이다. 소비 이념과 '실제' 소비에서 **기호**의 소비는 점점 더 중요한 역할을 한다. 그것은 어떤 활동도, 참여도, 작품이나 제품도 없이 오로지 '순수한' 구경거리의 소비를 가능케 한다는 것이다. 그것은 중층결정(重層決定)[3]처럼 추가되고 중첩된다. 이처럼 소

---

2. Bororo village: 1935년 레비-스트로스가 방문 조사한 브라질 원주민 부족 마을. 그의 저서 『슬픈 열대(*Tristes Tropiques*)』에서, 부족의 삶에 다수의 이원적(二元的) 구조가 적용된 사례들을 설명했다. 역주.

3. surdétermination: 과잉결정이라고도 한다. 프로이트의 정신 분석학에서 나온 표현으로, 독립적이거나 연관된 몇 가지 원인의 결과가 하나의 상징이 되는 과정을 말한다. 1960년대 루이 알튀세르(Louis Althusser 1918-1990)의 『모순과 중층결정(*Contradiction et surdetermination*)』(1964)에 사용되면서 널리 알려졌다. 이 용어는 일련의 다양한 사회적 힘이 결과적으로 정치혁명 같은 하나의 중층결정된 사건으로 나타난다는 것이다. 역주.

비재 광고는 주요한 소비재가 된다. 그리고 광고는 그 속에 예술, 문학, 시를 첨가해 미사여구처럼 사용하면서, 예술 그 자체를 대체하려고 한다. 따라서 광고는 이 사회의 이념 자체가 된다. 각각의 '사물', 각각의 '재화'는 현실과 이미지로 나뉘고, 후자는 소비의 필수 요소가 된다. 기호(행복, 만족, 권력, 부, 과학, 기술 등의 기호)는 사물과 똑같이 소비된다. 이런 기호의 생산은 전체 생산에 통합되고, 다른 생산이나 조직 활동과 관련해서 통합을 담당하는 중요한 역할도 한다. 기호는 거래할 수 있고, 언어는 교환가치가 된다. 기호와 일반 의미 작용의 이면에서 사회의 의미는 소비로 연결된다. 결과적으로 도시와 도시 현실을 기호 체계로 생각하는 사람은 은연중에 그것을 완전히 소비 가능한 사물처럼 간주하게 된다. 마치 그것이 순수한 상태의 교환가치인 것처럼! 장소를 기호와 가치로, 실제적이고 구체적인 것을 형식적 의미 작용으로 전환하는 이런 이론은 그것을 인식하는 사람 역시 순수한 기호의 소비자로 전환한다. 개발업자가 고안해 파리 거리가 연장될 때 새로운 주소에 번호를 붙이는 *bis*(제2), *ter*(제3)[4] 표기는 기호의 소비 강도에

---

4. 파리의 주소 체계에서 기존의 길이 연장돼 새로운 길이 생기면 'bis'('제2'를 뜻하는 라틴어), 또 연장돼 새로운 길이 생기면 'ter'(제3)라는 표기를 거리 이름 앞에 붙인다. 예를 들어 '1 Avenue France'라는 주소는 길이 연장돼 새로운 길이 생기면 '1 bis avenue france'라는

따라 '소비 중심'이 더 높은 단계로 옮겨가는 현상을 보여주는 사례가 아닐까? 이처럼 도시 기호학이 순수성을 잃는다면, 그들이 이용하는 도구로 전락할 위험이 있다.

사실, 기호학적 분석은 여러 수준과 차원을 구분해야 한다. 도시의 **파롤**[parole][5]이 있다. 거리에서, 광장에서, 공간에서 실제로 발화되는 말이 있다. 그리고 도시의 **랑그**[langue]가 있다. 도시의 고유성은 거주민의 담화, 몸짓, 의복, 어휘의 총체를 통해 표현된다. 또한, 도시의 언어 활동, 즉 **랑가주**[language]가 있다. 이것은 암시의 언어이자 외시적 체계의 내부에 파생된 이차적 체계(옐름슬레우[6]와 그레마스[7]의 용어)로 간주할 수 있다. 그리고 마지막으로, 벽에, 장소의 배치에, 그 연결에, 짧게 말해 도시 주민의 **일상에** 기록되는 도시의 **필서**[écriture]가 있다.

기호학적 분석은 **의미소나** 의미 요소(직선이나 곡선, 그

주소가 생기고, 거기서 또 연장되면 '1 ter Avenue France'라는 식으로 확장된 길의 주소 이름을 붙인다. 역주.

5 구조주의 언어학에서 인간의 언어활동(langage)을 말할 때 랑그(Langue)는 사회적이고 체계적인 언어의 잠재적 총체, 파롤(parole)은 개인적이고 구체적인 발화의 실행을 가리킨다. 역주.

6. Louis Trolle Hjelmslev(1899-1965): 덴마크의 언어학자. 기존의 기표-기의의 이중 구조에서 탈피해 언어의 탈코드화를 제안했다. 역주.

7. Algirdas Julien Greimas(1917-1992): 리투아니아계 프랑스 언어학자, 파리 기호학파의 창시자. 역주.

래픽 아트, 입구의 기본 모양, 문과 창문, 모서리, 각도 등) 수준, **어휘 형태소** 또는 의미 대상(건물, 길 등)의 수준, 그리고 도시 자체에 포함된 의미 집합이나 초객체[super-objets]의 수준을 구분해야 한다.

총체성이 어떻게 의미화하는지(권력의 기호학), 도시가 어떻게 의미화하는지(문자 그대로 **도시의 기호학**), 생활양식과 거주 방식이 어떻게 의미화하는지(**거주와 주거, 일상생활의 기호학**) 연구할 필요가 있다. 포착하고 노출하는 의미나 그곳 풍경(예를 들어 나무)으로서의 도시와 기호를 소비하는 장소로서의 도시를 혼동할 수는 없다. 그것은 축제와 일상 소비를 혼동하지 않는 것이나 마찬가지이다.

차원을 잊지 말자. 도시에는 상징 차원이 있다. 기념물뿐 아니라 공간, 광장과 대로는 우주, 세계, 사회 혹은 단순히 국가를 상징하기도 한다. 또한, 도시에는 **패러다임** 차원이 있다. 그것은 대립하는 것들, 즉 내부와 외부, 중심과 주변, 도시 사회에 통합된 것과 통합되지 않은 것을 함축하고 드러낸다. 마지막으로 도시는, 요소의 연결, **이소토피아와 헤테로토피아**의 구분 같은 **연합적**[syntagmatique] 차원이 있다.

도시는 그 고유한 수준에서 특별한 하위 체계로서 나타난다. 왜냐면 도시는 다른 하위 체계들을 반영하고 노출하며, 직접적이고 경험적인 환상 속에서 '세계'로, 유일한 총체로 제시될 수 있기 때문이다. 바로 이 능력에 도시적 삶의 고유한 매력, 탄력, 개성이 있다. 그러나 분석은 이런 인상을 흩뜨리고, 단일성이라는 환상은 숨겨졌던 체계들을 겉으로 드러나게 한다. 하지만 분석가는 더 넓은 지식의 여러 측면을 간파하기보다 도시계획 수준에 머무르며 이 환상을 퍼뜨리거나 공고히하지 못한다.

우리는 의미의 하위 체계 목록, 그리고 기호학적 분석의 결과가 도시와 도회지에 대한 어떤 지식을 가져다줄지, 그 목록을 완성하지 못했다. 만약 교외의 주택단지와 '새로운 집합주거' 지역을 분석한다면, 각각 하나의 (부분적) 의미 체계로 구성돼 있고, 각각을 지나치게 결정짓는 다른 체계는 그들의 대립에서 만들어진다는 사실을, 우리는 이미 알고 있다. 이것이 교외 주택단지 주민이 주거를 상상할 때 자신을 인식하고 생각하는 방식이며, '집합주거 거주자'들이 주거의 논리를 세우고 이런 제한적 합리성에 따라 스스로 자각하는 방식이다. 교외 주택단지 지역의 현실은 그들에게 상상과 기호를 부여하고, 그것이 주거와 일상성을 평가하는 기준이 된다.

여러 의미 체계 중에서도 **건축가**의 의미 체계는 가장 큰 (비판적) 관심을 기울여 연구할 필요가 있다. 재능 있는 사람이 자기 생각을 도식으로 표현하거나 그림으로 그리는 등 시각화 작업을 하고는 자기 지식과 경험을 바탕으로 새로운 것을 만들어냈다고 착각하는 사례를 흔히 볼 수 있다. 건축가들은 어떤 의미 체계를 찾아 '도시계획'이라고 부르기도 한다. 그런데 도시 현실 분석가가 단편적인 자료들을 모아 기존과 약간 달라진 의미 체계를 구성하고 컴퓨터로 계획을 완성했다고 해서 그것을 '도시계획'이라 부를 수 있는 것은 아니다.

비판적 분석은 도시사회 속 체험이라는 특권을 약화한다. 그것은 단지 도시사회의 한 단면, 하나의 수준에 불구하다는 것이다. 그런데 분석은 이 측면을 사라지게 하지 않는다. 그것은 마치 책처럼 존재한다. 누가 이 펼쳐진 책을 읽는가? 누가 이 글을 훑어보는가? 그것은 잘 정의된 '주제'가 아니지만, 연속적인 행위와 만남은 평면 그 자체에 도시 생활 또는 **도회지**를 구성한다. 이런 도시 생활은 위에서 내려오는 메시지, 명령, 제약을 거부하고 자기 방식을 시도한다. 속임수를 쓰고, 지배를 무력화하고, 지배자의 목적에서 벗어남으로써, 시간과 공간을 온전히 **자기 것으로 만들려고 한다.** 또한, 도시 생활은 도시와 거주 방식의 수준에 어느 정도 개입한다. 이처럼 **도회지**는 마치 완성된 책과 같은 체계를 강요하기보다 많건 적건 도시 거주민의 작품이 된다.

제8장

도시와 농촌

우리가 쓸데없이 중복적으로 확대 적용하고 남용하는 주제, '자연과 문화'는 도시와 농촌 관계에서 비롯했고 편향돼 있다. 이 관계와 관련한 세 용어(농촌성, 도시 조직, 중심성)는 오늘날 현실에도 적용되는데, 그 변증법적 관계는 대립 이면에 숨어 있지만, 또한 그 대립에서 드러나기도 한다. 자연은 합리적으로 추구하는 행동의 영향력을 벗어나고, 지배와 귀속에 대해서도 마찬가지다. 더 정확하게 말해서 자연은 이런 영향력 밖에 있다. 자연은 포착할 수 없는 대상이며 오로지 상상력을 통해서 거기에 도달할 뿐이다. 우리는 자연을 추구하지만, 자연은 우주 혹은 세계 지하 깊숙한 곳으로 사라진다. 농촌은 생산과 작품의 장소이다. 농업 생산은 제품을 낳고, 그 경관은 작품이 된다. 이 작품은 대지로부터 서서히 모습을 드러낸다. 처음에 이 대지는 그것을 점유한 집단에 상호 신성화를 통해 연결돼 있다가 이후에 (이 신성화를 점유해 응축하고, 오랜 세월에 걸쳐 서서히 용해한 뒤 합리성으로 흡수하는) 도시와 도시 생활을 통해 세속화됐다. 고대로부터 부족과 민족과 국가에 토지를 봉헌하는 전통은 어떻게 해서 생겼을까? 그 정체를 알 수 없고 위협적으로 느껴지던 자연의 존재-부재에서 비롯했을까? 자기가 소유한 토지에서 침입자를 추방하는 점유권에서 비롯했을까? 이 토지에 기반을 두고 있으며, 위협받는 한 채의 건물을 지키기 위해 수많은 희생을 요구하는 사회 계급 피라미드에서 비롯했을까? 하지만 두 가지 요소는 서로 배타적이지 않다. 중요한 것은, 복합적인 움직임을 통해 정치적 도시가 대지의 신성하고-저주받은 특성을 이용하고, 경제(상업) 도시가 대지를 세속화할 수 있게 한다는 데 있다.

본디 도시 생활은 도시, 농촌, 자연 사이 매개를 포함한다. 그런 것이 바로 마을[village]인데, 예나 지금이나 마을과 도시의 관계를 파악하기는 쉽지 않다. 같은 맥락에서 공원, 정원, 수로 등이 존재한다. 이런 매개는 자연과 농촌의 (이념이나 상상계에서) 상징과 **재현**[représentation] 없이는 이해하기 어렵다.

도농 관계는 역사적으로 시대와 생산 방식에 따라 크게 바뀌어왔다. 이 대립 관계는 때로 격하게 충돌하고, 때로 완화돼서 이제는 일종의 연합 관계가 됐다. 게다가 같은 시대에 매우 다른 성격의 관계도 생긴다. 예를 들어 서구 봉건제에서 영주는 상인들의 만남의 장소이자 본거지이며 전략의 장소로 태어나는 도시를 위협했다. 도시에서는 토지에 관한 이런 영주권 행사에 반발해서 때로는 은밀하게, 때로는 폭력적으로 계급 투쟁이 벌어졌다. 도시는 평민 자치구가 되기보다 (필수 조건을 제공한) 군주 국가에 동화되기를 택하고 스스로 해방됐다. 한편, 같은 시기 이슬람 봉건제를 살펴보면 '영주'는 장인과 상업의 도시를 다스리며, 흔히 정원이나 보잘것없이 옹색한 문화로 축소된 형태의 주변 농촌 지역을 통치했다. 그런 관계에서는 계급 투쟁의 징후나 가능성조차 찾아볼 수 없었다. 이런 상황은 애초에 사회 구조에서 역사적 역동성과 미래를 박탈했고, 그 자리에 세련된 도시성 같은 다른 매력을 부여했다. 창작자, 작품과 새로운 관계를 맺은 제작자, 계급 투쟁은 서양의 특징적인 야만성(서양 도시의 가장 '아름다운' 것을 포함해서) 없이는 자리 잡지 못한다.

오늘날 도농 관계는 변했고, 이는 사회 전반적 변화의 중요한 측면이다. 산업화한 나라에서 자본이 축적된 중심 도시의 주변 농촌 지역에 대한 오래된 착취는 더욱 교묘한 형태의 지배와 수탈로 이어졌고, 도시는 의사 결정의 중심이자 연합의 중심이 됐다. 어쨌든 확장하는 도시는 농촌을 공격하고, 침식하고, 와해한다. 앞서 언급한 역설적 효과와 함께 도심(상업 및 산업, 유통 네트워크, 의사결정의 중심 등)은 몰락하는 수공업이나 소규모 중심부 같은 전통적 요소들을 상실하게 하고 도시 생활은 농민의 삶 속으로 침투해 들어간다. 마을은 전원[田園]의 특징을 잃고 농촌화한다. 때로 격렬하게 저항하다가 결국 굴복하고 점차 도시에 동화한다.

넓은 그물망 같은 도시 조직은 산업 국가의 영토 전체를 완전히 포섭할까? 오래된 도농 간 대립 구도는 이런 식으로 극복될까? 아마도 그럴 것이다. 단지 신중한 비판이 동반될 것이다. 농촌이 도시 한가운데서 길을 잃고, 농촌을 흡수한 도시가 그 안에서 또다시 길을 잃는 이런 현상을 일반화한 혼란으로 간주한다면, 이 혼란에는 이론적으로 반론이 제기될 수 있고, 이론은 이와 같은 도시 조직 개념에 바탕을 둔 모든 전략을 거부할 것이다. 지리학자들은 이 혼란을 가리켜 조잡하지만 유의미한 전원도시[rurbain]라는 신조어를 찾아냈다. 이 가설에 따르면 도시 확장과 도시화가 도회지(도시 생활)를 사라지게 하리라고 예상하는데, 이는 받아들이기 어려워 보인다. 달리 말해 상호 중립화 같은 방식으로는 대립을 극복할 수 없다. 여기에는 도시 사회와 농촌이 병합하는 과정에서 중심성이 사라지는 현상을 허용할 만한 어떤 이론적 근거도 없다. '도시성-농촌성'의 대립은 사라지기는커녕 오히려 강화됐지만, 도농 간대립은 완화됐다. 여기에는 대립과 갈등의 이동이 있다. 더군다나 모두가 알고 있듯이 전 세계적으로 도농 간 대립은 해결이 불가능해 보인다. 만약 도시와 농촌의 구분과 모순(둘 사이대립을 축소하지 않고 포함하는)이 사회적 노동 분업 현상의 일부라는 주장이 사실이라면, 이 분열을 극복하거나 억제하기는 불가능하다는 사실을 인정해야 한다. 멀리서 보면, 그것은 자연과 사회, 물질적인 것과 정신적(영적)인 것의 분리에 지나지 않는다. 오늘날 도시 조직-중심성의 대립에서 비롯한 것이 아니라면, 이런 분열은 극복할 수 없다. 이것은 새로운 도시 형태의 발생을 가정한다.

산업화된 국가들에서 다중심 도시, 차별화되고 변화한 중심성, 더 나아가 유동적인 중심성(예를 들어 문화의 중심성)을 떠올릴 수 있다. 이념으로서의 도시계획에 대한 비판은 아마도 도시계획 자체에 대한 반대이거나 그런 중심성 개념에 대한 반대일 수 있다(예를 들어 도회지를 의사결정 중심이나 정보 중심과 동일시하는 것). 농촌을 효과적으로 지배하기 위해 따로 떨어져 있는 전통적인 도시와 도시 '조직'의 구조가 해체되고 형태가 없을 정도로 거대화된 도시[Megalopolis] 중 어느 것도 주도적 개념이 되지 못한다. 중심성의 소실은 이론적으로나 실제적으로나 필수 불가결한 현상이 아니었다. 우리가 스스로 던져야 할 유일한 질문은 다음과 같다.

"손상된 상태에서 벗어나 개선된 중심성과 도시 조직을 대지에 구현하는 임무를 과연 어떤 사회정치적 형태에, 어떤 이론에 맡길 것인가?"

제9장

결정적 지점의 주변

　왼쪽에서 오른쪽으로 선을 그어 세계사에서 도시화 0%(도시의 부재, 농촌 생활, 농업 생산, 농촌의 완전한 우세)부터 100%(도시의 농촌 흡수, 산업적 농산물 생산의 우세)까지를 표시한다고 가정해보자. 이 추상적인 도식에서 일시적으로 불연속된 지점들을 볼 수 있다. 단절과 불연속 자체는 어느 정도 결정적 지점을 설정할 수 있게 한다. 영점에 가까운 축에는 일찍이 농촌 환경을 지배함으로써 조직된 (아시아의 생산 방식에서 실제로 실현되고 유지되는) 정치적 도시가 표시된다. 조금 더 떨어진 곳에 상업 도시의 출현도 표시된다. 이 도시는 상업을 도시 외곽(변두리, 장터, 시장, 무역을 전문으로 하는 거류 외국인들에게 할당된 장소의 헤테로토피아)으로 쫓아내면서 나타나기 시작했고, 곧이어 거래, 확장된 커뮤니케이션, 화폐와 동산(動産)을 기반으로 성립한 사회의 혼합 구조에 편입되면서 시장을 통합했다.

그런 다음, 중대하고 결정적인 지점이 나타나는데, 여기서 농업 생산은 수공업과 산업 생산, 시장, 교환가치, 초기 자본주의 앞에서 뒤로 밀려난다. 이 결정적 지점은 16세기경 서유럽에 있었다. 머지않아 산업 도시가 등장하고, 그 결과(토지를 빼앗기고 분열된 농민들의 대규모 농촌 이탈과 도시 집중)가 함께 나타난다. 사회 전체가 도시 쪽(도시의 지배)으로 기운 지 한참 뒤에야 도시 사회가 출현을 알렸다. 그런 다음, 인구가 팽창하는 도시가 급증하고, 도시 외곽 지역이 출현하고, 농촌까지 침범하는 시기가 찾아왔다. 역설적이게도 도시가 터무니없이 확장하던 이 시기에 전통적인 도시 형태(실용적이고 구체적인, 혹은 물질주의적 외관, 도시 생활의 형태)가 산산이 부서졌다. 이중 과정(산업화-도시화)은 앞서 언급한 폭발-내파, 응축-분산(폭발)이라는 이중 운동을 생성한다. 따라서 현재의 도시와 도시 현실(도회지) 문제가 발생한 곳은 이 결정적 지점 부근이다.

정치적 도시　　상업적 도시　　산업적 도시　　결정적 지점

이중 과정
(산업화와 도시화)

위기 상황 주변에서 발생하는 현상은 음속을 돌파하는 물리적 현상(단순한 은유)만큼이나 복잡하다. 분석을 통해 곡선의 변곡점 근처에서 일어나는 사건을 유추할 수 있다. 앞서 필수적인 개념 도구들을 모아두자고 했던 것은 바로 이런 목적 – 결정적 지점 부근의 분석 – 때문이었다. 이런 상황에 무관심한 지식은 맹목적인 추측이나 근시안적 전문화로 빠져들게 된다.

결정적 지점, 단절과 결함을 강조하면서 그것들을 잘못된 위치에 놓는 것은 유기체론적, 진화론적 또는 연속주의적 무관심만큼이나 심각한 결과를 초래할 수 있다. 오늘날, 이른바 도시계획적 사고 같은 사회학적 사고와 정치적 전략은 주거와 거주의 수준(생태학적 수준, 주택, 건물, 이웃의 수준, 그리고 결과적으로 건축가의 영역)에서 일반 수준(토지 이용 계획, 산업 생산계획 그리고 전체적인 도시계획의 규모)으로, 도시와 도회지에 관심을 두지 않은 채 건너뛰는 경향이 있다. 우리는 매개는 차치하고, 특정한 수준은 생략한다. 왜 그럴까? 여러 이유가 있겠지만, 우선 결정적 지점에 대한 무지를 들 수 있다.

생산의 합리적 계획, 국토개발 계획, 전 세계적 산업화와 도시화는 '사회의 사회화'에서 필수적인 요소이다. 잠시 멈추고 이 단어들에 대해 생각해보자. 개혁을 지향하는 마르크스주의 전통은 그런 요소들을 통해 사회와 사회적 관계의 복잡화, 구획의 붕괴, 연결과 소통의 다양성 증가, 기술적·사회적 분업이 산업과 시장 기능, 생산 자체를 더 강력하게 결속하는 결과를 초래한다는 사실을 보여주고자 한다. 이런 정식화는 **교환**과 교환 장소에 역점을 두고, 경제적 교환의 양을 더욱 강조하면서 사용가치와 교환가치의 본질적 차이인 품질에는 별로 신경 쓰지 않는다. 이런 관점에서 직접 교환, 다시 말해 이미 존재하는 네트워크나 기관을 통하지 않는 소통(즉 '하위' 수준에서는 직접적인 관계, '상위' 수준에서는 지식을 통한 정치적 관계)은 상품과 소비재의 교환에 맞춰 평준화되고 정렬된다. 불연속주의와 급진적 의지주의 이론은 개혁적 연속주의에 대해 생산적 노동의 사회적 특성이 생산수단의 사적 소유와 연계된 생산 관계를 파괴하는 데 파열과 단절이 필수 불가결하다고 말한다. 그런데 진화론적으로, 연속주의적으로, 개혁주의적으로 해석된 '사회의 사회화'라는 명제는, 만약 이 말이 – 부적절하고 불완전하게 – 의미하는 것이 **사회의 도시화**라는 사실을 알게 된다면, 또 다른 의미로 다가온다. 만약 특권적인 장소와 순간이 존재할 수 없다면, 이런 만남의 장소와 시간이 시장의 구속에서 벗어나지 못한다면, 교환가치의 원칙이 제대로 작동하지 않는다면, 그리고 이익을 전제로 하는 관계가 개선되지 않는다면, 넓은 의미에서 교환의 증가도 세분화도 계속될 수 없다. 문화는 해체되고, 단순한 소비 대상, 이익의 기회, 시장을 위한 상품으로 전락할 것이다. '문화적'이라는 표현에는 하나 이상의 함정이 숨어 있다. 지금까지의 혁신적인 해석은 이런 새로운 요소들을 고려하지 못했다. 결정적 지점 주변에서 발생하는 위기 상황에서 산업화와 도시화의 관계를 더 엄격하게 정의한다면, 연속주의와 절대적 불연속주의, 개혁주의적 진화론과 개혁 전체의 모순을 극복하는 데 도움을 줄 수 있지 않을까? 만약 교환가치, 화폐, 이윤의 기준인 시장을 넘어서고자 한다면, 도시 사회, 사용가치로서의 도시라는, 이 가능성의 장소를 제대로 정의해야 하지 않을까?

이 결정적인 상황의 역설이자 문제의 중심 요소가 되는 도시 위기는 전 세계적이다. 기술이나 합리적 산업 조직이 그렇듯이 그것은 세계화의 지배적 측면처럼 전면에 나타난다. 그러나 이 위기의 실질적 원인과 이념적 이유는 정치체제, 사회, 심지어 관련 국가에 따라 달라진다. 이 현상에 대한 비판적 분석은 상대 비교를 통해서만 정당화될 수 있는데, 여기에는 비교할 만한 요소가 충분치 않다. 불평등하게 뒤처진 개발도상국에서, 고도로 산업화된 자본주의 국가에서, 사회주의를 표방하지만 불균등하게 개발된 국가에서, 다시 말해 어디서나 도시의 형태는 파괴된다. 농업 사회의 전통적인 형태는 변화하지만, 그 방식은 각기 다르다. 저개발 국가에서는 판자촌이 특징적인 현상이지만, 고도로 산업화된 국가에서는 '도시 조직', 교외, 주거 지구에서 급속한 도시 확산, 그리고 그런 요소들과 도시 생활 사이의 관계가 문제로 제기된다.

그런 비교 요소들을 어떻게 통합할 수 있을까? 연방 행정의 어려움, 지역 사회와의 갈등, 관리자, 정치 수장, 시장과 그 지방 자치단체가 공유하는 미국 '도시 정부[gouvernement urbain]'의 문제는 유럽과 프랑스에서 볼 수 있는 권력(행정과 관할) 갈등과 같은 방식으로 설명할 수 없다. 프랑스에서 자본주의 이전 혹은 산업화 이전부터 존재했던 도시 핵심부는 산업화와 그에 따른 결과물에 둘러싸여 해체됐다. 미국에서 도시의 핵심부는 특권적인 몇몇 도시의 사례를 제외하면 존재한 적이 거의 없다. 그러나 미국의 지역사회는 일찍이 중앙집권화를 이룬 군주제가 이런 도시의 '자유'를 공격했던 프랑스보다 훨씬 광범위한 법적 보장과 권한을 누린다. 다른 곳과 마찬

가지로 유럽에서도 서로 다른 양상으로 나타나지만, 비교 가
능한 문제의 원인을 단지 도시의 양적 팽창이나 교통 문제에
서 찾을 수는 없다. 사회 여기저기서 어떤 식으로든 문제가 생
긴다. (이념과 정치를 통해) 산업을 발전시키고 사업을 조직하
는 데 주력하는 한, '근대' 사회는 현재 상태를 유지하게 하는
소규모 기술 조치들 외에는 도시 문제에 대한 근본적인 해결
책을 제시하거나 달리 대응할 능력이 없는 듯하다. 세계 어디
서나, 위에서 분석한 세 수준의 관계는 혼란스럽고 갈등적이
며, 이런 모순의 역동적 요소는 사회정치적 맥락에 따라 변한
다. 소위 '개발 도상국'에서 농업 구조의 해체는 권리를 빼앗기
고, 몰락하고, 변화를 갈망하는 농민을 도시로 몰아붙인다. 판
자촌이 그들을 맞이하고, 농촌과 도시, 농업 생산과 산업 생산
사이의 (불충분한) 매개 역할을 한다. 판자촌은 종종 기반이 강
화되고, 거기서 사는 이들에게 비참하지만 강렬한 도시 생활
의 대체를 제공한다. 다른 국가, 특히 사회주의 국가에서 계획
된 도시 성장은 농촌에서 고용된 노동력을 도시로 유인하고,
과밀 현상으로 새로운 주거 지구나 주거 **반경**의 설정을 촉진
하는데, 여기에 도시 생활과의 관계가 항상 드러나는 것은 아
니다. 요컨대 전 세계적으로 농업과 전통적인 농민 삶의 위기

는 전통적인 도시의 위기를 불러오고, 그 근본 원인이 되고, 상태를 악화한다. 그렇게 전 세계적 규모의 변화가 생긴다. 과거의 '농촌 생물'과 도시 생물(마르크스)은 동시에 사라진다. 그들이 '사람'을 위한 자리를 남겨놓을까? 이것은 본질적인 문제이다. 이론적이고 실제적인 어려움의 주요 부분은 산업화 사회의 도시화가 우리가 여전히 '도시'라고 부르는 것의 해체 없이는 이뤄지지 않는다는 사실에서 비롯한다. 도시의 폐허 위에 도시 사회를 세우면서 그 규모와 여러 가지 모순 속에서 어떻게 여러 현상을 파악할 수 있을까? 여기가 **결정적 지점**이다. 세 가지 수준(산업화와 도시화의 전 세계적 과정 – 도시 사회, 도시의 특정 계획 – 거주 방식과 도시 일상의 변화)의 구분은, 도시–농촌의 구분과 마찬가지로 희미해지는 경향이 있다. 그런데 이 세 가지 수준의 차이는, 혼란과 오해를 피하기 위해서, 산업적 도시계획 또는(그리고) 주거에 도시[urbain]를 녹여 넣음으로써 이 상황에서 유리한 기회를 이용하려는 전략에 맞서려면 어느 때보다 필요하다.

그렇다. 고전 시대 이전 핵심 주거 형태에서 마을 형태를 지나 수많은 변천과 변모를 거쳐온, 감탄할 만한 사회적 형태이자 실천과 문명의 탁월한 작품인 도시는 우리 눈앞에서 스스로 해체하고 재건한다. 산업 성장에 따라 주택 문제 해결이 시급해지자 도시의 다른 문제들은 가려졌고, 이는 지금도 마찬가지 상태이다. 특히 당장의 일에 집중하는 정치 전략가들은 여전히 이 문제만을 신경 쓰고 있다. 전체적인 문제들이 발생해도 **도시계획**이라는 명목으로 산업의 일반 조직에 그것들을 종속시킨다. 동시에 위아래로 공격받은 결과, 도시는 산업 기업과 보조를 맞춰야 하는 처지가 된다. 도시는 계획의 동력이 되고, 생산을 조직하고 생산자의 일상생활과 제품의 소비를 통제하기에 적합한 물리적 장치가 된다. 도구가 돼버린 도시는 소비자와 소비의 측면으로 확산해 들어가며, '소비'라는 탐욕의 행위를 통해 점차 제품의 생산과 파괴를 조정하고 해결하는 역할을 한다. 과거에 도시는 단지 작품으로서, 목적으로서, 자유로운 쾌락의 장소로서, 사용가치의 영역으로서의 의미가 있었다. 그런데 이제는 도시를 엄격하게 제한된 조건에 따라, '균형[équilibre]'을 유지해야 한다는 명령에 따라 여러 가지 제약으로 구속한다. 게다가 도시는 안정성과 균형의 조건들을 정의하면서도 스스로 기반을 공고히 하는 데는 이르지 못하는 조직의 도구에 지나지 않으며, 이 조직은 지속 가능성(노후) 자체가 연구 대상이 되는 사물을 파괴하면서, 동시에 카탈로그나 TV 가이드[1]가 지배하는 개인의 욕구를 충족한다. 오래전에 이성은 도시 안에 출생지이자, 근거지이며, 안식처인 곳이 있었다. 농촌성, 자연이 지배하는 농민의 삶, 모호한 힘으로 가득한 신성화된 땅에 맞서 도시성은 스스로 합리성을 주장했다. 오늘날 합리성은 도시에서 멀어져 (또는 멀어진 것처럼 보이거나, 멀어진 척한다) 국가 영토나 대륙의 규모와 같이 도시보다 큰 규모에서 나타난다. 이 합리성은 순간이나 요소, 조건으로서의 도시를 인정하지 않고, 도시를 도구이자 장치로서만 인정한다. 관료 국가의 합리주의와 대기업의 압력을 받는 산업 조직의 합리주의도 같은 방향으로 나아간다. 동시에 도시를 초월한 단순화된 기능주의와 사회 규정이 강요된다. 조직[organisation]이 유기체[organisme]를 대체하고, 그 결과로 철학자들이 말하는 유기체주의[organicisme]가 이상적인 모델이 돼버렸다. 도시의 '구역[zone]'과 '권역[aire]' 구성은 대지 위에 공간, 기능, 요소를 나란히 배치하는 수준으로 축소된다. 지구[secteur][2]와 기능은 의사 결정 중심에 밀접하게 종속돼 있

---

1. 1953년 처음 발간된 미국 주간지. TV 방송에 대한 정보 이외에 패션이나 TV 스타에 관한 가십 정보를 다뤘다.

2. 여기서 'zone', 'aire'는 과거 도시의 영역성 개념에 가깝다면, 'secteur'는 도시계획적으로 구분된 '구획'에 가까운 개념이다. '구역', '권역', '지구'라는 표현의 본래 의미와는 차이가 있을 수 있다. 역주.

다. 동질성은 자연(부지), 전원 환경(영토 및 토양), 역사에서 비롯한 차이점보다 우세하다. 기존 도시나 거기 남아 있는 것도 여러 요소를 취합하고 조합하듯이 배열하고 재배치한다. 이처럼 서로 다른 요소들의 조합[combinatoire]이 고안되고 그렇게 인식되고 예견하게 되면, 각 요소 사이의 차이는 전체에 대한 지각 속으로 사라지고, 결합[combinaison]도 식별하기 어려워진다. 이처럼, 합리적으로 다양성을 찾으려고 노력해도, 그것이 주택, 건물, 도심, 조직된 권역이건 무엇이건 간에 획일적인 인상이 이런 다양성을 뒤덮고 사라지게 한다. 의도하지 않았더라도 사방에서 들어온 공격을 받아 부서지고 침식당한 도시는 작품의 성질과 고유한 특징과 특성을 잃는다. 그리고 오로지 영구적인 분리 상태를 가정하는 제약 조건들만이 대지에 투영된다. 주거에 관해서는 일상생활의 분절과 배치, 자동차의 대중적 이용('사적인' 교통수단), (다른 한편으로는 억눌리고 불충분한) 이동성, 대중 매체의 영향이 대지와 토지로부터 개인과 집단(가족, 조직된 단체)을 분리했다. 이웃 관계는 퇴색하고, 지역은 무너진다. 사람들('주민')은 장소와 시간의 질적 차이가 더는 중요하지 않은, 기하학적 이소토피아를 향해 나아간다. 확실히 이것은 낡은 형태의 해체에 불가피한 과정이지만,

전통 도시의 상징, 귀속, 양식, 기념물, 시간과 리듬, 차별화되고 가치 있는 공간을 대체하지 못한 채 거기에 치졸함, 정신적·사회적 비참, 일상생활의 빈곤을 만들어 채워넣는다. 도시 사회는 견디기 힘든 압력을 받는 이런 도시를 해체함으로써, 한편으로는 토지 개발 계획에, 교통 제약 조건들이 결정하는 '도시 조직'에, 그리고 다른 한편으로는 개인 주택 단지나 '집단주거' 같은 주거 단위에 녹아드는 경향이 있다. 도시의 확장은 교외를 태어나게 했고, 교외는 도시의 핵심을 삼켜버렸다. 문제를 인식하기 시작한 시점에, 문제의 역전이 일어났다. 생활하기 어려운 교외에 거주하면서 도시로 일하러 가기보다는 교외로 일하러 가면서 도시에 거주하는 편이 더 일관되고 합리적이며 더 즐거운 방법이 아닐까? '사물'과 '문화'의 중앙 집중식 관리는 이 중간 단계인 도시를 뛰어넘으려고 한다. 더 나아가, 국가, 의사결정의 중심, 이념적·경제적·정치적 세력은 자치[autonomie]를 추구하고, 특유한 방식으로만 존속할 수 있으며, 그들과 '거주자' 사이에, 즉 노동자이든 아니든, 생산 근로자이든 아니든, 인간이자 시민인 도시 거주민이 공유하는 이 사회적 형태로서의 도시를, 의심하는 눈초리로 바라볼 수밖에 없다. 지난 세기 이래 권력을 향한 도시의 본질은 무엇이었나?

도시는 의심스러운 활동과 자잘한 범죄로 가득차서 썩어가고, 혼란의 온상이 된다. 국가 권력과 거대한 경제적 이익을 추구하는 자는 오로지 하나의 전략만을 고안해낼 수 있다. 그것은 도시 사회의 가치를 훼손하고, 변질시키고, 파괴하는 것이다. 현재 진행 중인 전략적 과정에는 결정론이 있고, 또 전략, 동시성, 합의된 행위가 있다. 주관과 이념 사이 모순 같은 '인본주의자들'의 우려는 이런 전략적 행동을 방해하기는 해도 중단시키지는 못한다. 도시는 도시인-시민, 개인, 집단, 신체를 그들 마음대로 조작하려는 권력을 방해한다. 결과적으로, 도시의 위기는 철학적 전통으로 정의할 수 있는 합리성 자체에 연관된 것이 아니라, 특정한 형태의 합리성, 즉 국가, 관료주의, 경제, '경제학적 합리성' 그리고 도구의 자격이 부여된 이념으로서의 경제주의와 연관된다. 이 도시의 위기는 국가나 산업 분야 기업의 이중 압력으로 거의 모든 곳에서 도시(자치지구) 기관의 위기를 초래한다. 때로는 국가, 때로는 기업, 때로는 둘 다(경쟁 관계이지만 때로 연합 관계)는 도시 사회의 기능, 속성, 특권을 독점하려는 경향이 있다. 자본주의 국가에서 어떤 '민간' 기업이 비용이 너무 든다는 이유로 포기하는 경우를 제외하면 어떤 사업을 국가와 기관과 '공공' 조직에 양보하겠는가?

그런데 이 불안한 기초 위에서도 도시 사회와 **도회지**는 지속하고 심지어 강화된다. 가장 고통스러운 모순을 통해 사회적 관계는 계속해서 복잡해지고, 증식하고, 강화된다. 도시의 형태와 그 지고[至高]한 존재 이유, 즉 동시성과 만남은 사라질 수 없다. 붕괴 자체의 중심에 서 있는 도시의 현실은 의사 결정과 정보의 핵심에서 끈질기게 살아남아 밀도가 높아진다. 거주민(어떤 주체? 그것을 정하는 것은 조사와 조사자들에게 달렸다)은 중심을 재현하고, 우스꽝스러운 것일지라도 만남을 복구하고자 장소를 사용한다. 장소, 기념물, 차이의 사용(사용가치)은 교환과 교환가치의 요구를 무시한다. 이것은 비록 그 의미가 항상 드러나지는 않지만, 다양한 일화를 우리 앞에 펼쳐놓는 훌륭한 놀이이다. 기본적 욕구의 충족은 근본적 욕망(혹은 기본 욕망)의 불만족을 해소하지는 못한다. 만남의 장소이며 소통과 정보의 융합 장소인 **도회지**는 항상 그래왔듯이 욕망의 장소, 영구적인 불균형, 규범과 제약이 해소되는 장소, 유희의 순간이자 예측 불가능한 순간이 된다. 이 순간은 폭력의 내파-폭발에 이르기까지 계속되고, 스스로 부조리와 동일시하는 합리성의 끔찍한 제약 아래 잠복한다. 이 상황에서 도시의 파괴 성향, 도회지의 강화 경향, 그리고 도시 문제라는 결정적인 모순이 발생한다.

이 비판적인 분석은 결정적 보완을 요구한다. 도시 위기의 책임을 편협한 합리성, 생산주의, 경제주의, 무엇보다도 성장에 초점을 맞춘 중앙 집중화된 계획, 국가와 기업의 관료주의에 돌리는 것이 잘못은 아니다. 그러나, 이런 관점은 가장 고전적인 철학적 합리주의, 즉 자유주의적 인본주의의 지평을 완전히 넘어서지 못한다. 계획되고 프로그램으로 짜인 도시 질서의 균열 속에서 유지되는 **도회지**라는 이 새싹을 강화함으로써 도시 사회의 형태를 제안하려는 사람은 더 멀리 나아가야한다. 만약 고전적 인본주의 이미지를 벗어난 새로운 '도시인'을 구상한다면, 당연히 이론의 정교함을 통해 개념을 구체화해야 한다. 오늘날까지 이론으로나 실제로나 산업화와 도시화의 이중 과정은 완전히 다뤄지지 않았다. 마르크스와 마르크스적 사상의 불완전한 가르침은 무시됐다. 마르크스에게 산업화는 그 자체로 궁극적 목적과 의미를 담고 있었다. 이것은 나중에 마르크스주의 사상이 경제주의와 철학으로 분리되는 원인이 됐다. 마르크스는 도시화와 **도회지**가 산업화의 **의미**를 포함하고 있음을 보여주지 않았다(당시에는 그렇게 할 수 없었다). 그는 산업 생산이 사회의 도시화에 연관됐고, 산업의 잠재력을 확보하려면 도시화에 대한 특정한 지식이 필요하다는 사실을 깨닫지 못했다. 산업 생산은 어느 정도 **성장**한 뒤에 도시화를 이루고, 거기에 여러 조건을 제시하고, 가능성을 열어준다. 도시 문제는 위상이 달라져 도시 **개발** 문제가 된다. 마르크스(특히 『자본론』)의 작품에는 도시, 특히 도시와 농촌의 역사적 관계에 관한 귀중한 정보가 담겨 있다. 그는 작품에서 도시 문제를 제기하지는 않는다. 마르크스의 시대에는 엥겔스의 연구를 통해 오직 주거 문제만이 제기됐다. 그런데 도시 문제는 주거 문제를 훨씬 넘어선다. 마르크스주의 사상의 한계는 거의 이해되지 않았다. 지지자들은 반대하는 사람들과 마찬가지로 이 사상의 방법론적·이론적 원칙을 잘못 이해하고 문제를 일으켰다. 우파의 비판이나 좌파의 비판 중 어떤 것도, 그것의 성과와 한계에 주목하지 않았다. 이런 한계는 축적된 성과를 포기하지 않고 심화하는 초월을 통해 극복되지 못한 상태로 여전히 남아 있었다. 따라서 산업화가 함축한 의미가 잘못 밝혀졌다. 이론적 성찰을 통해 그 의미를 발견하지 못했다는 것이다. 더욱이, 의미를 다른 곳에서 찾고 있었거나 의미와 그 의미를 찾는 시도 자체를 포기했다.

개혁주의자들은 '사회의 사회화'를 잘못 이해하고 (도시 안에, 도시에 의한, 도시를 위한) 도시 변화의 길을 가로막았다. 사회화가 본질적으로 도시화를 포함한다는 사실을 이해하지 못했던 것이다. 그렇다면 무엇을 '사회화'하는가? 바로 기호이다. 자연과 농촌의 기호처럼, 기쁨과 행복의 기호처럼, 도시와 **도회지**와 도시 생활의 기호는 소비로 전환된다. **도시**를 일상에 효과적으로 스며들게 하는 사회적 관행 없이도 이 기호는 소비로 전환되며 사회화한다. 도시 생활은 "사회화된 사회"의 옹색한 사회적 요구나 광고, 패션, 미학의 기호와 일상의 소비를 거치듯이 우회적 방법으로만 필수 요소에 편입될 수 있었다. 이렇듯 분석의 새로운 시점에, 형태와 윤곽, 결정론과 제약, 속박과 전유를 어두운 지평으로 가져가는 변증법적 움직임이 생긴다.

도시 생활, 도시 사회, **도회지**는 특정한 사회적 관행(그것에 대한 분석은 계속되겠지만)을 통해 반쯤 파괴된 형태 기반에서 떨어져나와 마침내 새로운 기반을 찾고, 이처럼 결정적 지점의 주변이 드러나게 한다. **도회지**는 물질적 형태에 관련된 것으로도(현장에서, 실용적이고 구체적인 것에서), 그것에서 분리할 수 있는 것으로도 정의할 수 없다. 그것은 시대를 초월한 본질도 아니고, 다른 체계 사이에 혹은 다른 체계 위에 있는 체계도 아니다. 그것은 정신적·사회적 형태이며, 동시성, 모임, 집중,

만남(또는 만남들)의 형태이다. 그것은 양(量, 공간, 사물, 제품)에서 태어난 질(質)이다. 그것은 차이, 더 정확히 말해서 **차이점들의 집합**이다. **전유**[appropriation]에 **자연에 대한 기술 지배**라는 의미가 있듯이 도회지는 산업 생산이라는 의미를 포함한다. 도회지가 없다면 전유는 터무니 없는 것처럼 여겨진다. 이 것은 특히 시간(또는 시대, 순환적 리듬과 선형적 지속)과 공간(또는 이소토피아적-헤테로토피아적 공간)의 관계를 포함하는 관계의 분야이다. **도회지**는 욕망의 장소이자 시대를 잇는 연결고리로서 우리가 지금 찾고 있는 **기의**(말하자면 적절한 형태적·물질적 기반을 갖추고 공간에 실현할 수 있게 하는 실용적·구체적 '현실')의 **기표**로 나타낼 수 있다.

충분하지 못했던 이론적 구상으로, 이중 과정(산업화-도시화)은 분열되고, 그 과정의 측면들은 분리돼, 부조리로 향할 운명이었다. 이원성과 모순에서 태어난 이 운명은 이제 **도회지**를 등한시하지 않는다. 오히려 그 반대로 **이 과정은 도회지를 포함한다.** 그러므로 비난해야 할 것은 이성이 아니라, 특정한 합리주의, 편협한 합리성, 그리고 이 합리성의 한계일 것이다. 상품의 세계에서는 고유한 논리, 즉 화폐의 논리와 한없이 일반화된 교환가치 논리가 있다. 그런 교환과 등가의 형태는 도시 형태에 무관심하다. 동시성과 만남을 교환으로 폄하하고, 만남의 장소는 교환 계약이나 준계약이 체결되는 시장으로 격하한다. '도시 사회'에서 이뤄지는 모든 행위는 시간에 따라 펼쳐지고, 공간(부지, 장소)에 특권을 부여하거나 부여받고, 번갈아 기의와 기표가 되며, 상품과 다른 논리로 작동한다. 그것은 또 다른 세상이다. **도회지**의 기반은 사용가치이다. 갈등은 피할 수 없다. 더군다나 경제학자와 생산주의자의 합리성은 **작품**을 배제하면서, 제품 생산의(교환 가능한 물건의, 교환가치의) 모든 한계를 뛰어넘고자 하고, 이 생산주의 합리성은 스스로 지식을 표방하지만, 이념 요소를 포함한다. 아마도 그것은 기존의 결정론에서 오는 제약, 산업 생산과 제품 시장에서 오는 제약, 프로그램에 대한 맹목적 숭배에서 오는 제약을 평가하는 이념에 불과할 것이다. 이념은 이런 실질적 제약을 합리적인 것으로 간주한다. 그러나 이 합리성은 전혀 무해한 것이 아니다. 합리성이 은폐하는 최악의 위험은 **통합적**이라고 여겨지고 또 그렇게 되기를 바라는 데 있다. 그것은 합[合]에 도달하고, '통합적 인간'(철학, 과학, 또는 '학제 간' 연구에서)의 양성을 가장한다. 그러나 이것은 이념적 환상이다. 과연 누구에게 **통합할 권리**가 있는가? 기관이 보증한 방식으로 통합을 수행하는 공무원은 절대 아니다. 하나 또는 여러 가지 분석을 확대 적용하는 사람도 절대 아니다. 오로지 실천하는 실제 능력에만이 이론 요소들을 통합할 권리가 부여된다. 이것은 정치 권력의 역할일까? 그럴 수도 있지만, 아무 정치적 힘에나 그럴 수는 없다. 제도나 제도의 합으로서의 정치 국가도 아니고, 정치가도 아니다. 전략에 대한 비판적인 조사만이 이 질문에 답할 수 있다. **도회지**는 도시 문제, 도시 생활의 확대, 도시 사회의 효과적인 실현(말하자면 형태적·물질적·실용적 구체성의 기초에서)을 우선순위에 두는 전략만을 신뢰할 수 있다.

제10장

도시 형태에 관해

　'형태'라는 용어의 모호성(더 정확하게 말해서 다의성)은 이미 지적했다. 하지만 지적할 필요도 없이 너무도 명백하다. '기능', '구조' 등 용어의 다의성도 마찬가지다. 그러나 이런 상황을 당연하다는 듯이 무조건 수용할 수는 없다. 얼마나 많은 이가 맹목적으로 이런 단어를 사용하면서 전부 말했고 전부 해결했다고 생각했는지 모른다! 다의성과 감각의 혼란은 생각의 부재와 풍족을 가장한 빈곤을 불러온다.

　이 용어의 의미를 자세히 설명하려면, 가장 추상적인 정의에서 출발하는 한 가지 방법밖에 없다. 알맹이 없는 언어의 추상화와 구별되고, 사변적 추상화에 반대되는, 오직 과학적 추상화만이 명료한 개념 정의를 가능케 한다. 따라서 형태를 정의하려면, 형태 논리와 논리적·수학적 구조에서 출발해야 한다. 개념을 명확히 구분하고 맹목으로 숭배하기 위해서가 아니라, '현실'과의 관계를 파악하기 위해서다. 여기에는 몇 가지 장애와 난관이 없지 않다. 모든 사람이 '순수한' 추상의 명확성과 명료성에 접근할 수 있는 것은 아니다. 이 추상의 빛에 대다수 사람은 눈이 보이지 않거나, 근시처럼 행동한다. 추상을 파악하기 위해서, 더 나아가 구상과 추상, 지식과 예술, 수학과 시를 구분하고 동시에 통합하는 불안한 경계에 도달하기 위해서는 '문화'가 필요하다. 따라서 '형태'라는 용어의 의미를 설명하려면 지극히 일반적이고 추상적인 이론인 **형태 이론**으로 되돌아가야 한다. 그것은 지식에 관한 철학 이론에 가깝고, 그런 이론의 연장선상에 있으나 매우 다르다. 왜냐면 한편으로 그것은 스스로 '문화적'·역사적 조건을 가리키고, 다른 한편으로 난해한 논리적·수학적 분석에 근거를 두고 있기 때문이다.

단계적으로 진행하면서, 우선 사회적으로 알려진 '형태'를 검토할 것이다. 예를 들어 **계약**에는 결혼 계약, 고용계약, 매매 계약 등 매우 다양한 종류가 있다. 계약에 따라 사회적으로 정의되는 행위의 내용은 매우 다르다. 때로는 성별이 다른 두 개인의 관계를 규정하는 문제이다(재화나 재화의 이동, 자녀와 상속에 관한 사회적 규정에서 성적인 관계는 뒤로 밀려난다). 때로는 사회적 지위, 심지어 고용자와 피고용인, 경영자와 노동자처럼 사회 계층 차이가 있는 두 개인의 관계를 규정하는 문제이고, 때로는 판매자와 구매자 사이의 관계를 사회적 규칙에 따르게 하는 문제이기도 하다. 그런데 이런 특정한 상황에는 공통점이 있다. 사회적으로 구성되고 제정된 약속의 **상호성**이다. 각자는 명시적으로 또는 묵시적으로 규정된 특정한 행위를 하기로 서로 약속한다. 게다가 사람들은 상세한 계약 조항이나 법의 강제에 구속되지 않는 한, 이런 상호성은 일부 허구성을 내포하고 있거나 상호성이 인정되자마자 허구로 드러난다는 사실을 알고 있다. 배우자 사이 성적 상호성은 사회적·도덕적 허구('부부의 의무')가 된다. 사용자와 노동자 사이에 계약이 상호 동등하게 성립된다는 것은 허구적으로만 가능한 이야기이다. 다른 상호성의 경우도 마찬가지다. 그런데 이런 허구에는 사회적 존재감과 영향력이 있다. 이것은 보편법 **형태**의 다양한 내용을 이루고, 이에 관한 법학자들의 논의를 거쳐 사회적 관계가 **체계화**된 형태인 민법에 편입된다.

이런 사정은 성찰적 사고에서도 마찬가지다. 성찰에는 사물, 상황, 활동 등 매우 다양한 내용이 있다. 이런 다양성에서 과학, 철학, 예술 등 다소 허구적이거나 실제적인 몇 가지 분야가 등장한다. 이런 많은 사물, 몇몇 분야는 논리라는 정식화의 통제를 받는다. 성찰은 그것을 이루는 모든 내용의 서로 다른 점에서 비롯한 공통적인 형태를 통해 체계화된다. 형태는 하나의 내용 또는 내용들로부터 해방된다. 이처럼 자유로워진 형태는 순수하고 투명하게 드러나는데, 내용에서 걸러져 '순수'해질수록 더 이해하기 쉬워진다. 그러나 여기에 역설이 있다. 이 같은 순결함에는 실존이 없다. 그것은 실제가 아니다. 형태는 내용에서 해방되면서 구체성도 사라진다. 실제의 정점이나 절정, 실제의 핵심(지식을 통한 침투와 그것을 수정하는 행위)은 실제의 외부에 있다. 이천 년 동안 철학자들은 이 점을 이해하려고 노력해왔다.

그런데 철학은 이런 지식의 이론 요소들을 제공한다. 그리고 전략적 목표를 세우고 여러 단계로 접근한다. 형태를 정화하는 성찰을 통해서, 그리고 체계화하고 형식화하는 형태 자체를 통해서 형태와 내용의 관계에 숨어 있는 움직임을 파악하는 것이 적절하다. 내용이 없는 형태는 없다. 형태가 없는 내용도 없다. 분석에 제공되는 것은 항상 형태와 내용이 통합된 하나의 **단위**이다. 분석은 통합을 깨뜨린다. 그것은 형태의 순수함을 드러나게 하고, 형태는 내용으로 돌아간다. 분리할 수 없지만, 분석을 통해 해체되는 통합은 갈등적(변증법적)이다.

생각은 차례대로 거의 멈추지 않는 움직임에 따라 투명한 형태에서 내용의 불투명함으로, 내용의 실체성에서 '순수'한 형태의 비존재로 돌아간다. 그러나 한편으로 성찰은 절대적 '본질'을 구성하고, 본질의 지배를 확고히 함으로써 형태(와 고유한 논리적 형태)를 내용에서 분리하는 경향을 보인다. 그리고 다른 한편으로 실천과 경험주의는 내용을 확인하고, 확인된 사실에 만족하며, 차이를 수용하는 과정에서 드러난 다양한 내용의 불명료함에 머무르는 경향이 있다. 변증법적인 이유로 내용은 형태를 초월하고, 형태는 내용에 실현 가능성을 부여한다. 이처럼 형태는 이중적인 '존재'이다. 형태는 그러면서 동시에 그렇지 않다. 형태는 내용이 있어야 실현되지만, 또한 거기서 분리된다. 형태는 정신적 존재이자, 사회적 존재이다. 정신적으로, 계약은 논리에 매우 가까운 형태, 즉 상호성을 통해 정의된다. 사회적으로 이 형태는 무수히 많은 상황과 활동을 규제한다. 형태로서 가치를 포함하고 '합의'를 도출하면서, 계약은 그것들에 구조를 부여하고, 그것들을 유지시키며, 심지어 가치를 높이기도 한다. 논리적·수학적 형태의 경우, 그것의 정신적 실체는 명백하다. 그런데 그 안에 순수하게 사색적이고, 육체를 초월한, 이론적인 인간이라는 허구적 요소를 포함하면, 그 형태가 불분명해진다. 사회적 존재의 경우, 오랜 시간에 걸쳐 보여주는 것이 좋을 것이다. 실제로, 이 형태는 계산하고, 구분하고, **분류**하고(사물, 상황, 활동), **합리적**으로 구성하고, 예측하고, 계획하고, 심지어 기획하는 여러 가지 사회 활동과 연결돼 있다. 철학자들이 천착하는 문제와 오랜 사고의 (새로운 용어로) 연장선상에 있는 성찰을 통해 **형태들을 도식화**할 수 있다. 이 작업은 현실과 사고의 관계를 해독하는 데 필요한 일종의 해석판을 만드는 것과 같다. 이 (임시적이고 수정이 가능한) 도표는 가장 추상적인 것에서 가장 구체적인 것으로 나아가고, 결과적으로 가장 간접적인 것에서 가장 직접적인 것으로 향한다. 각각의 형태는 정신적·사회적 이중 존재를 통해 나타난다.

I. 논리적 형태

정신적으로 : 동질성의 원칙. A=A. 내용이 없는 공허한 본질이다. 절대적 순수성에서 볼 수 있는 극한의 투명성(성찰을 통해 포착하거나 거기에 머무르게 할 수 없기에 이해하기 어렵다. 이것은 **동어반복**으로 출발점이자 도착점이다). 사실 이 동어반복은 내용이나 지시(지시물, 의미)에서 서로 전혀 공통점이 없는 명

제에서도 공통적이다. 이 A=A라는 동어반복은 비트겐슈타인이 보여줬듯이 모든 발화와 모든 명제의 실체가 포함한 비어 있는 중심이다.

사회적으로: 그것은 오해를 뛰어넘은 이해와 이해의 합의이다. 모든 것을 정의하고, 언급하고, 이해의 규칙에 합의하고자 양쪽이 효과적으로 멈추게 하는 불가능한 가능성이다. 그것은 형식적 요설, 수다, 중언부언, 잡담일 뿐이며, 장광설, 무한반복, 완곡어법에 불과하다(예를 들어, 관료주의 형태를 유지하고자 관료제를 만드는 관료주의 같은, 사회의 거대한 중복 표현이나, 사회 논리는 이처럼 스스로 공허함을 보여줌으로써 내용을 파괴하고 스스로 파괴하기까지 아무런 성찰 없이 계속하는 경향이 있다).

II. 수학적 형태

정신적으로: 동일성과 상이성, 차이에서의 평등, (전체 요소의) 열거, 정렬, 측정.

사회적으로: (이런 자격으로 일반적으로 특권이 부여된 공간뿐 아니라 시간에 따른) 분포와 분류, 체계적 조직화, 정량화와 정량적 합리성, 욕망과 욕구, 그리고 품질과 자질을 구속하는 질서와 척도이다.

III. 언어적 형태

정신적으로 : 일관성, 서로 다른 요소들을 구분해서 표현하고 의미와 가치를 부여하는 능력, 암호화된 규칙에 따라 메시지를 생산하고 해석하는 능력.

사회적으로 : 여러 관계의 결속, 결속의 조건과 제약에 대한 복종, 관계의 의식화(儀式化), 형식화, 체계화이다.

IV. 교환의 형태

정신적으로 : 대립과 토론, 비교와 균등화(활동, 요구사항, 직업의 산출물 등), 간단히 말해 등가성.

사회적으로 : 교환가치, (형식 논리와 논리 수학적 형식주의에 대한 함축적 참조와 함께 마르크스『자본론』1장에서 공식화되고 형식화된 바와 같이) 상품의 형태이다.

V. 계약적 형태

정신적으로 : 상호성.

사회적으로 : 상호 약속에 기반한 사회적 관계의 체계화.

VI. (실용적이며 구체적인) 사물의 형태

정신적으로 : 각 사물의 '객관적인[objective]'(또는 '객체의 [objectal]') 속성으로 보이고 인식되는 내부 균형, 대칭.

사회적으로 : 사물이 요구하거나 부인하는 (생각하고 생활하는 '존재'나 집, 건물, 기구, 도구를 포함하는) 균형과 대칭에 대한 기대.

VII. 성서에 관한 형태

정신적으로 : 반복, 시간의 흐름 속에서 진행된 것의 공시적 고정[fixation synchronique], 과거로의 회귀와 미래를 따라 거슬러 올라간 고정.

사회적으로 : 습득한 것의 고정과 보존의 '기반' 위에 시간에 따른 축적, 글과 글쓰기에 대한 거북함, 공포, 글자에 대한 저항, 기록되고 규정된 것에 저항하는 언어, 불변하고 고정된 것 (사물화된)에 저항하는 미래.

VIII. 도시적 형태

정신적으로 : 동시성(사건, 인식, '실제'의 전체 요소).

사회적으로 : 주변과 '환경'에 존재하는 것(상품 및 제품, 행위

와 활동, 부)의 만남과 집합, 결과적으로 사회적인 특권의 장소, (생산적이고 소비적인) 활동의 의미, 작품과 제품의 만남으로서의 도시 사회.

여기서 우리는 어떤 사람들이(니체를 포함해서) 지고의 형식, 존재론적 형식, 존재의 형식으로 간주했던 **반복**의 문제는 다루지 않는다.

'근대 사회'에서 동시성은 강화되고 집중되며, 만남과 모임의 능력은 확고해진다. 의사소통의 속도는 **거의 동시적 수준**으로 빨라진다. 정보는 상승하고 하강하는 이 **중심**으로 유입되고 확산된다. 이 현상은 '사회의 사회화'라고 앞서 이미 강조했다(잘 알려진 이 표현의 '개혁주의적' 측면은 추후 언급할 것이다).

또한, 이와 같은 조건에서 분산이 확대된다는 것은 너무나 명백하다. 이것은 최후 결과까지 밀어붙인 노동의 분업, 사회 집단의 분리, 물질적인 것과 영적인 것의 분리에서 알 수 있다. 이런 분산은 동시성의 형태를 고작 **참고** 정도로만 생각하고 평가할 뿐이다. 이 형태 없이, 분산과 분리는 순수하고 단순하게 인식되고, 수용되고, 사실로 인지된다. 따라서 형태는 내용, 더 정확히 말해서 여러 내용을 가리킬 수 있게 한다. 도시 형태의 출현에 수반한 움직임은 도시 형태의 내용에 숨겨진 움직임, 변증법적 (대립하는) 움직임, 즉 문제를 드러낸다.이 문제가 그 안에 새겨지는 형태는 자기 일부를 이루는 질문을 제기한다. 도시 생활 내용의 집합인 동시성은 누구 앞에 그리고 누구를 위해 수립되는가?

제11장

스펙트럼 분석

우리는 합리성이 실제로 (응용 도시계획을 포함해서) 활용되는 것을 목격한다. 그런데 이것은 매우 발달하고 강력해진 압력 수단으로 무장한 분석 지능의 작동 방식에 따라 실행되는 제한적 합리성이다. 이 **분석** 지능에는 통합하는 특권과 영예가 부여된다. 이 지능은 구사하는 전략을 스스로 은폐한다. 세심하게 계산된 세부 사항을 사회적 총체성의 표현에 종속시키는 것과 마찬가지로, 우리는 기능에 대한, 더 정확히 말하자면 **단일 기능**에 대한 우려를 분석 지능에 전가할 수 있다. 이처럼 (기술적으로 또는 경제적으로) 합리적이라고 여겨지는 이념 전체, 그리고 전술과 예측의 대상인 세부 조치 사이의 **매개**가 사라진다. 중개인(상인, 금융인, 광고업자 등)이 엄청난 특권을 누리는 사회에서 이처럼 이론적·사회적·정신적 매개를 고려하지 않는다면, 블랙코미디가 따로 없다. 하나가 다른 하나를 덮어 가리는 셈이다. 이처럼 (공간 위를 떠도는) 전체와 여러 제도가 짓누르는 조작되고 억압당한 부분 사이에 심연이 자리 잡는다.

여기서 우리가 문제를 제기하는 것은 불확실한 '총체성'이 아니라 **이념**이며, 이 이념을 이용하고 지탱하는 계급 **전략**이다.

극도의 직업 세분화나 한계까지 밀어붙인 (도시계획가의 연구를 포함한) 전문화와 마찬가지로, 사회 요소에 대한 일종의 '스펙트럼' 분석을 거친 후 그것을 현장에 투영하는 것은 앞서 언급한 분석 지능의 사용과 연관돼 있다. **분리**는 때로 동시적이고 때로 연속적인 세 가지 측면, 즉 (소득과 이념에서 비롯한) **충동적인** 면, (분리된 공간을 설정하는) **자발적인** 면, (개발과 계획이라는 명목으로) **계획적인** 면과 함께 드러나야 한다.

의심할 여지 없이, 모든 국가에서 분리주의에 반대하는 경향이 강하게 나타난다. 물론 집단, 민족, 사회 계층, 계급의 분리가 권력의 지속적이고 일관된 전략에서 비롯됐다거나 거기에 제도와 지도자의 의지가 효과적으로 반영됐다고 단언할 수는 없다. 게다가 사람들은 확고한 의지와 조직된 행동을 통해 그에 맞서 싸우려고 한다. 그런데 사회 집단의 분리가 현장에서 명백한 증거와 함께 나타나지 않는 곳에서조차, 이런 압력과 차별의 흔적은 시험에 놓인 것처럼 보인다. 그 극단적 사례이자 최종 결과물이 바로 게토이다. 유대인과 흑인의 게토뿐 아니라 지식인 또는 노동자의 게토처럼 사회에는 여러 종류의 게토가 있다. 모든 주거 지역은 그 나름대로 게토이다. 고소득자나 권력자들은 그들끼리 모여 그들의 부유한 게토 안에 스스로 고립되기를 원한다. 여가활동에도 게토가 있다. 사회운동가들이 서로 다른 계층과 계급이 서로 섞이게 하려고 하면, 상류층은 즉시 불순분자들을 걸러낸다. 차별 현상은 **생태적** 차별(판자촌, 빈민굴, 도시 중심부 낙후 지역), **형식적** 차별(도시의 기호와 의미의 악화, 건축적 요소의 해체에 따른 **도회지**의 악화), **사회적** 차별(생활 수준, 생활 양식, 민속, 상위 문화와 하위 문화) 등 다양한 지표와 기준에 따라 분석해야 한다.

반인종분리주의적 경향은 오히려 이념적일 것이다. 그것은 때로 자유주의적 인본주의와 연관되고, 때로 '주제'처럼 여겨지는 도시(공동체, 사회적 유기체)의 철학과 연관된다. 그러나 선한 인본주의적 의도와 철학적 선의에도 불구하고, 실제는 차별을 향한다. 왜 그럴까? 이론적 이유와 사회적·정치적 원인이 있다. 이론 면에서 분석적 사고는 대상을 분리하고 단절한다. 종합에 도달하고자 하면 실패한다. 그리고 (의식적으로 혹은 무의식적으로) 계급 전략은 사회적으로나 정치적으로 차별을 목표로 삼는다.

민주 국가의 공권력은 이 같은 차별을 공개적으로 선언할 수 없다. 따라서 민중을 선동할 의도가 없더라도 그들은 흔히 가장 낡은 의미의 유토피아를 지향하는 인본주의 이념을 채택한다. 차별은 이런 공권력이 쉽고 깊게, 그러나 항시적으로 지배하는 사회적 삶의 영역에서까지 우세하게 나타난다.

사람들은 흔히 국가와 기업이 도시를 집어삼키려고 한다고 말한다. 대체로 국가는 위로부터, 기업은 (노동자의 집합주거와 사회에 의존하는 사람들의 공동주택에 주거와 거주 기능을 보장함으로써, 그리고 여가활동, 문화나 '사회적 지위 상승'을 보장함으로써) 아래로부터 접근한다. 국가와 기업은 그들 사이의 차이나 간혹 발생하는 그들 사이의 대립에도 불구하고, 차별을 인정해야 한다는 점에는 동의한다.

국가의 정치 형태(자본주의, 사회주의, 과도 정부 등)가 도시에 대한 전략을 세우는 데 결정적 역할을 하는지는 나중에 생각하자. 지금은 이런 전략을 누가, 어디서, 어떻게, 누구와 함께 개발했는지 알려고 하지 말자. 우리는 단지 전략들이 의미 있는 쪽으로 향하고 있는지 관찰하면서 확인해보자. 도시 형태를 파괴하고 도시 생활을 위협하는 차별을 단순히 우연이나 지역적인 상황의 결과로 간주해서는 안 된다. 정권의 민주적 특성이 도시, 도시의 '자유', 도시 현실에 대한 태도, 다시 말해 **차별**에 대한 태도를 식별한다. 도시 문제에서 고려해야 할 여러 기준 가운데 이것이 가장 중요한 것이 아닐까? 이것은 필수적이다. 또한, 정치가들의 의지(좋거나 나쁘거나)가 행사하는 영향에서 벗어나려면 정치적 권력과 사회적 압력을 구분해야 한다. 기업 문제에 관해서는 결론을 내리려고 하지 말자. 한편으로 일반적 합리성(이념적이고 실제적인), 개발 계획(전반적이거나 도시에 국한된)과 다른 한편으로 대기업의 합리적 경영 사이의 관계는 무엇일까? 여기서 연구의 방향에 따른 가설을 제시해보자. 기업의 합리성은 항상 극한까지 밀어붙인 작업, 운영, 훈련의 분석을 바탕으로 정당화된다. 더 나아가, 계급 전략의 동기와 원인은 자본주의 기업에서 극단적으로 작용한다. 따라서 이 상황에서 기업은 극도의 차별을 향해 나아가고, 그런 방향으로 작동하고 자체적 결정에 반하는 사회적 압력에 개입할 가능성이 매우 크다.

국가와 기업은 **도회지**를 해체함으로써 도시 기능을 독점하고, 활용하고, 지배권을 보장받으려고 한다. 이것은 가능한 일일까? 국가와 기업의 이런 전략 목표가 일치하든 그렇지 않든 간에 이것은 그들이 감당할 수 없는 일이 아닐까? 이 문제에 대한 연구는 꽤 흥미로울 것이다. 점차 그 조건과 양상이 드러나는 도시의 위기는 도시 규모, 관할권, 행정기관들의 위기와 함께 찾아온다. 도시의 고유한 성질을 보여주던 요소들(지자체, 지방의 지출과 투자, 학교와 교육 프로그램, 대학 등)이 점점 더 강력한 국가의 통제를 받고, 전체적으로 제도화하면서, 도시는 마치 하나의 특정한 기관처럼 변질되면서 사라지는 경향을 보인다. 그 자체로 특정한 독창적 집단의 작품처럼 도시를 해체한다. 그러나 (물론 이것은 법률적·경제적·행정적·문화적 사회학 연구를 통해 입증돼야 한다) 상위 권력과 기관이 이 '도시'라는 중재 지점, 매개체를 포기할 수 있을까? 그들이 **도회지**를 폐기할 수 있을까? 상부에서 규제하는 제도에 따라 지배되고, 여러 제약을 통해 공고해지고 조직되는 일상생활은 '도시' 차원에서 실현된다. 생산주의적 합리성은 도시를 일반적인 도시계획 수준으로 환원하지만, 시장의 감시하에 조직되고 통제되는 소비 계획 수준에서 다시 도시에 주목한다. 권력은 총체적 결정 수준에서 도시를 배제했다가 실행과 적용 수준에서 다시 구성한다. 그 결과로 ― 프랑스나 다른 나라에서나 상황을 이해할 수 있다고 가정하고 – (모두 합리적인) 조치, (모두 정교하게 정한) 규정, (모두 근거 있는) 제약이 거짓말처럼 복잡하게 서로 얽히는 현상이 발생한다. 행정 합리성이 보장해야 하는 기능은 전제와 결과 사이에서 길을 잃고 헤매는 혼란 상태에 빠진다. 그렇게 도시 구성 요소들이 제 기능을 넘어 탈출하는 상황이 연출된다. 갈등과 모순은 '구조화'와 이를 부정하는 '합의된' 반응을 촉발해서 다시 표면으로 떠오른다. 그리고 여기에 '관료주의'와 '기술주의'라는 제한적(한정적) 합리주의의 불합리성이 드러난다. 국가는 합리성을 표방하지만, 실제 현실은 전혀 그렇지 않은 상황에서 허위가 드러나고, 불합리성과 권위주의적 합리주의 사이에서 진정한 정체성이 포착된다.

도시와 **도회지**는 가상의 객체, 종합적 재현의 계획으로서 모습을 드러낸다. 비판적 분석은 비판 없이 분석할 뿐인 사고의 실패도 보여준다. 이 도시 현장에서 도회지가 수용한 분석적 실천의 결과를 확인할 수 있을까? 양상, 요소, 단면 같은 것들 말이다. 그것은 우리 눈앞에 도시 **스펙트럼 분석**이라는 망령을 보여준다. 스펙트럼 분석을 말할 때 우리는 이 말을 은유가 아니라 문자 그대로 받아들여서 눈앞에 도시와 도시 사회, 즉 사회의 '망령'이 있다고 믿는다. 이제 더는 유럽에서 공산주의 유령을 볼 수 없게 됐는데, 도시의 그림자, 우리가 죽였기에 사라진 것들에 대한 죄책감, 회한 같은 것이 아마도 오래된 강박을 대체한 듯하다. 이제 도시 지옥 이미지는 덜 매력적이지 않고, 오히려 향수를 달래주며, 사람들은 고대 도시의 폐허로 관광 소비를 하러 모여든다. 우리 앞에는 (마치 자기 '의식' 앞에 놓여 있는 것에 대해 아무런 '의식이 없는' 관중을 위한 쇼처럼) 해체돼 움직이지 않는 사회적·도회지적 삶의 요소들이 펼쳐져 있다. 아이와 노인이 없는 '집합주거', 아침 일찍 일하러 갔다가 지쳐 돌아오는 남자들, 집에서 의식 없이 시간을 보내는 여자들, 중앙의 의사결정에서 배제된 채 각자 TV 화면에 매달려 지내는 작은 우주 같은 도시 외곽 주택 단지가 있다. 일, 교통, 사생활, 여가 같은 작은 부분들로 구성된 그들의 일상이 있다. 분석 작업은 구성 성분이나 화학 원소, 원자재처럼 (비록 오랜 역사의 결과이고 물질성의 전유를 내포하지만) 그것들을 분리해 냈다. 그것으로 끝이 아니었다. 인간도 해체됐다. 감각도 후각, 미각, 시각, 촉각, 청각으로 분리됐다. 그중 어떤 감각은 쇠퇴했고, 또 어떤 감각은 지나치게 발달했다. 지각, 지능, 이성도 각기 개별적으로 기능하게 됐다. 말과 담화와 글도 해체됐다. 일상성과 축제는 빈사 상태가 됐다. 매우 분명하고 긴급한 사실은 이대로 버려둘 수 없다는 것이다. **종합**은 낮의 질서, 세기의 질서에 포함된다. 그러나 이 종합은 분석적 지성에는 단지 별개 요소들의 **조합**처럼 보일 것이다. 그런데 조합은 절대로 종합이 아니다. 도시와 **도회지**는 도시의 기호, **도회지**의 의미소로 재구성될 수 없고, 도시가 기표의 집합이라고 해도 달라지는 것은 없다. 도시는 단순한 언어가 아니라 현실이다. 따라서 다시 한 번 강조해서 말하자면, 누구에게도 이 종합을 선언하고 발표할 자격이 없다. 사회학자나 '지도자'가 건축가, 경제학자, 인구통계학자, 언어학자, 기호학자보다 우월하지 않다. 누구도 그렇게 할 권리나 권한이 없다. 만약 수 세기 동안 철학이 구체적인 전체성에 도달할 수 없음을 보여주지 않았더라면(항상 전체성을 목표로 하고 총체적이고 일반적인 질문을 제기했지만), 아마도 철학만이 이 권리를 독점했을 것이다. 어떤 정해진 조건에서 오로지 **실천**[praxis]만이 종합의 가능성과 요구, 그리고 분산되고, 분해되고, 단절된 것을 동시성과 만남의 형태로 한데 모은다는 목표로 향하게 할 책임을 맡을 수 있다.

이제 우리 눈앞에 집단, 민족, 나이와 성별, 활동, 직업, 기능, 지식이 대지에 개별적으로 투영된다. 여기에는 세계, 도시 사회, 또는 개발된 **도회지** 구성에 필요한 모든 것이 있다. 하지만 이 세상은 실재가 아니고 사회는 가상의 상태로만 우리 앞에 있으며, 움트기 시작한 싹은 시들어버릴 위기에 놓여 있다. 이들은 만약 기존 조건에 따른다면 아예 생겨날 수조차 없다. 존재하든 부재하든 단지 가상 상태로 유지될 뿐이다. 이것이 비극의 근원이고, 향수가 시작되는 지점이 아닐까? 도시는 결핍과 가난과 가능성으로만 남은 가능성에 대한 욕구불만으로 살아가는 사람들을 상대한다. 이처럼 통합과 참여는 비참여자, 비통합자, 사회의 파편과 과거의 폐허에서 살아남은 사람, 즉 도시에서 배제되고, **도회지**의 문 앞에서 쫓겨난 사람들에게 호소한다.

도시가 걸어온 길은 전체(총체)와 부분, 분석과 종합 사이의 모순으로 나타난다. 여기 높고 깊은 새로운 것이 나타난다. 이론은 이 새로운 것에 관심이 없지만, 실천은 다르다. 오늘날 사회(20세기 후반 프랑스)에서 바로 이 **사회적 실천**은 비판적 분석에 그 자체로 의미를 갖지만, 의미 있는 대립으로 축소될 수는 없는 이중적 성격을 부여한다.

한편으로 이런 사회적 실천은 **통합적**이다. 그것은 사회 여러 요소와 측면을 일관성 있는 전체로 통합하려고 한다. 통합은 서로 다른 양상에 따라 서로 다른 수준에서 실현된다. 즉 시장을 통해서, '상품의 세계' 안에서, 다시 말해 소비와 소비 이념에 따라서, 전체적인 하나의 '문화'에 따라서, 예술을 포함한 '가치'에 따라서 국가의 활동과 국가적 인식을 포함한 국가 규모의 정치적 선택과 전략을 통해서 실현된다. 이 통합은 우선 노동계급만이 아니라 지식계급과 지식인, 비판적 사고(마르크스주의를 제외하지 않고) 집단도 목표로 삼는다. 도시계획은 이런 통합적 실천에서 필수적인 것이 될 수 있다.

아울러 사회는 **차별**을 실천한다. 총체성(조직적·계획적·획일적·통합적)을 지향하는 합리성 자체는 분석 수준에서 구체화된다. 그리고 그 차별(분리)를 대지에 투사한다. 그것은 (미국처럼) 노동자, 지식인, 학생(캠퍼스), 외국인 등 고유 집단의 게토를 형성하는 경향이 있고, 여기에는 여가뿐 아니라 미니어처 수집이나 DIY 애호로 격하되기도 하는 '창의성'의 게토도 포함된다. 공간적 게토와 시간적 게토. 도시계획 용어로 '구획 정리'라는 개념은 이미 정비된 게토 안에서의 분리, 격리, 고립을 내포한다. 실제로 계획상으로 차별은 이미 합리화된다.

이 사회는 **일관성**을 원하고, 스스로 일관성이 있다고 생각한다. 따라서 효과적(조직적) 행동의 특성이자, 가치, 기준으로서 합리성과 연관된 일관성을 추구한다. 일관성 이념은 대상을 점검할 때 숨겨져 있지만 눈에 띄게 드러나는 모순[incohérence]을 밝혀낸다. 하지만 일관성은 오히려 이처럼 분쟁이 생겨 부정하고 거부하는 상황이 중단되기를 바라고, 일관성 있는 해결책을 찾는 일관성 없는 사회에 대한 집착이 아닐까?

게다가 일관성은 유일한 집착이 아니다. **통합** 역시 강박적인 주제이며 목적 없는 열망이다. 본래 의미와 다른 뜻으로 사용되는 '통합'이라는 용어는 매우 높은 빈도로 글(신문, 서적, 강연)에 나타나서 뭔가를 드러낸다. 이 용어는 한편으로, 전략을 간파하는 사회적 실천을 명확하게 정의하는 **개념**을 가리키고, 다른 한편으로, 그것은 개념도 없고, 목적도 객관성도 없는 **사회적 의미소**이며, **통합**(이것을 저것에, 하나의 집단에, 한 덩어리에, 전체에)에 대한 집착을 드러낸다. 부분에 전체를, 분석에 종합을, 비일관성에 일관성을, 해체에 조직을 중첩하는 사회에서 다른 어떤 방법을 찾을 수 있을 것인가? 도시와 도시 문제에서 이 구성의 이중성이 그 대립적 내용과 함께 드러난다. 그 결과는 무엇인가? 의심할 여지 없이 도시 현실을 대상으로 하는 **해체하는 통합**의 역설적 현상이다.

하지만 이것은 사회가 산산이 해체되고 있음을 의미하지 않는다. 사회는 기능한다. 어떻게? 왜? 이것이 문제이다. 이것은 또한 이런 사회의 기능이 집착이라는 엄청난 불편 없이는 작동하지 않음을 의미한다.

도시와 관련한 또 다른 강박적 주제는 (통합과 연관된) **참여**이다. 그런데 이것은 단순한 집착만이 아니다. 실천의 차원에서 참여 이념은 관심이 있고 관련된 사람들의 동의를 최소한의 비용으로 얻어내게 해준다. 정보와 사회 활동의 다소 무리한 모형[simulacre]를 만들고 나서 사람들은 다시 조용한 수동성으로, 그들의 은신처로 되돌아간다. 실제로, 적극적으로 참여하는 현상을 뭐라고 불러야 할까? 그것을 **자주 관리**[autogestion]라고 부른다. 이것은 또 다른 문제들을 제기한다.

매우 강력한 세력은 도시를 파괴하는 경향이 있다. 우리 앞에 놓여 있는 특정한 도시계획은 도시의 죽음을 목적으로 대지에 실천 이념을 투사한다. 이런 사회적·정치적 세력은 형성 중인 **도회지**를 황폐화한다. 그 나름의 방식으로 매우 강력한 이 싹이 국가, 기업, 문화(도시의 이미지와 작품을 소비하도록 제공함으로써, 사라지는 도시를 방치하는), 과학 또는 과학성(자신을 정당화하는 기존의 합리성에 봉사하는) 같은 집합 사이의 틈에서 태어날 수 있을까? 이제는 거의 사라진 도시 생활이 권위주의 방식이나 행정 처분, 혹은 전문가의 개입 따위로 활성화할 수 없는 도시의 **통합**과 **참여** 능력을 회복하고 강화할 수 있을까? 이처럼 이론적으로 중대한 문제가 명확히 정식화된다. 분석해서 책임을 물을 수 있는 '주제'가 있든 없든, 그리고 그것이 협의가 이뤄지지 않은 일련의 행위의 총체적 결과이든 의지의 효과이든, 계급 전략으로서의 차별이라는 정치적 방향은 명백하다. 전통적인 도시에서 추방되고 현재의 도시적 삶을 박탈당한, 차별의 피해자인 **노동자 계층**에게는 실질적인 문제, 즉 **정치적** 문제가 발생한다. 그것이 지금까지 정치적으로 제기되지 않았고, 주거 문제를 구실로 그들과 대표자들에게 도시와 **도회지** 문제를 은폐해왔다고 할지라도 말이다.

제12장

도시에 대한 권리

이론적 성찰은 스스로 도시(경제적·정치적·문화적 등)의 형태, 기능, 구조뿐 아니라 도시 사회에 내재된 사회적 욕구를 재정의해야 한다고 말한다. 사실 지금까지 알려지고 밝혀진 것보다 소위 소비사회(지도된 소비의 관료주의적 사회)를 통해 강조된 동기와 더불어 개인의 욕구만이 조사됐고 더 정확히 말하면 조작됐다. 사회적 욕구에는 인류학적 근거가 있다. 상반되고 보완적인 사회적 욕구에는 보안, 개방, 안정, 모험, 직업 조직, 놀이의 욕구가 있고, 예측할 수 있는 것과 예측하지 못한 것, 통합과 차이, 고립과 만남, 교환과 투자, 독립(외로움)과 의사소통, 직접성과 장기적 관점의 욕구가 포함된다. 인간은 또한 에너지 축적의 욕구가 있고, 그것을 소비하고 심지어 놀이로 낭비하고 싶어하는 욕구도 있다. 인간에게는 보고, 듣고, 만지고, 맛보고 싶은 욕구가 있으며, 인식을 하나의 '세계'로 통합하고 싶어하는 욕구도 있다. 사회가 촉발한 이런 인류학적 욕구(때로 분리되고 때로 결합되고, 여기서 압축되고 저기서 지나치게 팽창하는)에 더해서 도시계획가들이 다소 인색하게 고려한 상업과 문화 시설을 통해서 충족되지 못한 특정한 욕구도 있다. 그것은 창조적인 활동, (제품과 소모품뿐 아니라) 작품 제작, 정보, 상징, 상상, 유희적 활동에 대한 욕구이다. 이런 특정한 욕구를 통해 근본적인 욕구가 살아나고 살아남는다. 성적 유희, 스포츠 등 신체 활동, 예술과 지식은 지나치게 분절된 일과 활동의 상태를 극복하는 특별한 표현이자 **순간**이다. 마지막으로 도시와 도시 생활에 대한 욕구는 장애물을 치우고 지평을 열려는 의도에서만 자유롭게 표현된다. 특정한 도시적 욕구는 자격이 있는 장소, 동시성과 만남의 장소, 교환이 교환가치, 상업, 이익의 단계로 넘어가지 않는 장소에 대한 욕구가 아닐까? 또한, 이런 만남과 교환을 위한 시간에 대한 욕구가 아닐까?

도시에 대한 **분석적 과학**은 필요하지만, 지금까지는 시도 수준에 불과하다. 구상 초기에 그런 개념과 이론은 형성 중인 도시 현실과 함께, 그리고 도시 사회의 **실천**(사회적 실천)과 함께 만들어질 수 밖에 없었다. 현실적으로 지평을 가로막고, 지식과 행동의 병목 지점에 불과했으며, 넘어야 할 문턱과 같은 것이었던 이념과 실천을 초월하려는 시도는 어려움이 없이 이뤄지지 않는다.

도시 과학의 대상은 도시이다. 이 과학은 단편화된 과학으로부터 방법과 개념을 빌려온다. 종합은 이중적으로 이런 제한을 빠져나간다. 우선, 전체적이기를 원하는 종합은 분석을 넘어서 체계화와 전략 프로그래밍으로 이뤄질 수 밖에 없다. 게다가, 완성된 현실로서의 도시가 붕괴하기 때문이다. 지식은 이미 변질된 도시를 파편화해 재구성하려고 한다. 이 역사적 도시는 이제 더는 사회적 텍스트로서 일관성 있는 대책, 상징이나 양식과 관련된 미래 계획을 갖추고 있지 않다. 이 텍스트는 사라지고 있다. 그것은 문서, 전시회, 박물관 같은 형태로 나타난다. 이제 더는 역사적으로 형성된 도시가 보이지 않고, 실제로 파악할 수도 없다. 그림 같은 풍경을 보고 싶어 하는 관광객들을 위한, 탐미주의 문화적 소비 대상일 뿐이다. 그 현상을 진심으로 이해하려는 사람들에게조차 도시는 죽었다. 그래도 도회지는 해체되고 멀어진 현실의 상태, 씨앗의 상태, 가상성의 상태로 살아남는다. 현장에서 관찰과 분석이 인식하는 것은 기껏해야 떠오르는 태양의 선명함에서 스쳐 지나가는 미래 물체의 그림자 정도이다. 옛 도시의 재건을 구상하기는 불가능하고, 오로지 새로운 기초 위에 또 다른 규모로 다른 조건에서 다른 사회에서의 새로운 도시 건설만이 가능하다. 과거로 회귀하는 것도(전통 도시를 향해) 아니고, 형체가 없는 거대한 밀집 권역을 향해 앞으로 달려 나아가는 것도 아니다. 바로 이것이 처방이다. 달리 말해, 도시에 관해 과학의 대상은 없다. 과거, 현재, 가능한 것은 분리되지 않았다. 도시는 사고를 통해서만 연구할 수 있는 **가상의 객체**이다. 여기에는 새로운 접근방식이 필요하다.

낡은 고전적 인본주의 경력은 이미 오래전에 별로 좋지 않게 끝났다. 고전적 인본주의는 죽었다. 방부 처리된 미라가 된 그 이념의 시체는 묵직하고 나쁜 냄새를 풍긴다. 그것은 공공장소이든 어디든 장소를 많이 차지하고, 박물관, 대학, 다양한 출판물처럼 인간의 모습을 한 문화의 공동묘지로 변한다. 여기에 신도시와 도시계획의 검토를 더할 수 있다. 그것은 그들이 '인간을 척도로 삼았다'는 진부하고 지루한 포장에 싸여 있다. 우리가 과도함에 대한 책임을 지고 우주에 걸맞은 '무엇'인가를 만들어야 하는데도 말이다.

이 오래된 인본주의는 대규모 학살과 인구 폭증을 경험한 세계대전 시기 경제 성장과 기술 발전에 대한 열렬한 요구의 압력에 대응하지 못하고 스스로 죽음을 맞이했다. 그것은 이제 이념도 아니고, 기껏해야 공개 강연의 주제 정도일 뿐이다.

고전적 인본주의의 죽음이 인간의 죽음과 동일시되듯이 우리는 이렇게 부르짖었다. '신은 죽었다. 인간도 마찬가지다.' 베스트셀러를 통해 확산되고, 광고에서 무분별하게 사용된 이 문구는 전혀 새로운 것이 아니다. 니체의 성찰은 거의 한 세기전, 유럽과 그 문화, 그리고 문명에 대한 나쁜 조짐이었던 보불전쟁(1870-1871) 중에 시작됐다. 니체는 신과 인간의 죽음을 선언하면서 그 공백을 그대로 두지 않았다. 그렇다고 이 공백을 임시방편의 재료나 언어와 언어학으로 메우지도 않았다. 그는 또한 초인[Übermensch]의 도래를 예언했고, 자신이 진단했던 허무주의를 극복하고 있었다. 하지만 이론과 시를 팔아 이득을 취하던 작가들은 한 세기가 지난 뒤 우리를 허무주의로 몰아넣었다. 니체 이후, 초인의 위험은 처참한 증거와 함께 나타났다. 게다가 상업 생산과 기획의 합리성 사이에서 태어난 '새로운 인간'은 실망스럽기만 할 뿐이다. 제품이 아니라 이 사회의 작품으로서 도시 사회와 인간 사회의 길은 여전히 열려 있다. 혹은 오래된 '사회적 동물'과 고대 도시의 인간, 도시적 동물에서 출발해서 다기능이고 다감각적이며 '세계'(환경)와 복잡하지만 투명한 관계를 맺을 수 있는 도시적 인간으로 향하는 동시적 초월 혹은 허무주의가 우리 앞에 놓여 있다. 만약 인간이 죽었다면 누구를 위해 도시를 세울 것인가? 어떻게 세울 것인가? 도시가 사라졌는지 아닌지, 도시를 새롭게 생각해야 하는지, 새로운 기반 위에 재건해야 하는지, 혹은 그냥 지나쳐야 하는지는 중요하지 않다. 공포가 지배하는지, 원자폭탄이 투하됐는지, 지구가 폭발하는지도 중요하지 않다. 무엇이 중요한가? 누가 생각하고, 누가 행동하고, 누가 누구를 위해 말하는가? 만약 방향과 궁극적인 목적이 사라진다면, 더는 실천에서 선언조차 할 수 없다면, 어떤 것도 중요하거나 흥미롭지 않다. 만약 '인간'의 능력, 기술, 과학, 상상력, 예술 혹은 그 부재가 자율적인 힘을 갖추고, 반성적 사고가 이 내용에 만족한다면, '주제'의 부재에 대해 뭐라고 말하고, 무엇을 해야 할까?

오래된 인본주의는 멀어졌고, 사라졌다. 잃어버린 것에 대한 그리움도 퇴색했고, 그 잔해를 둘러보러 과거로 되돌아가는 일도 드물어졌다. 그것은 자유주의 부르주아 이념이었다. 인간의 고통에 관심을 보였고, 아름다운 영혼, 위대한 감정, 선한 양심에 대한 믿음을 보호하려고 했고, 그런 주장을 지지했다. 그것은 유대-기독교적 사고가 여기저기 반영된 그리스-

로마 세계가 보내는 메시지였다. 이야말로 끔찍한 칵테일, 역겨운 혼합물이다. 소수 지식인('좌파' 지식인. 우파에 아직도 지식인이 남아 있을까?)만이 혁명적이거나 딱히 반동적이지도 않고, 디오니소스적이지도, 아폴론적이지도 않은 이 서글픈 칵테일을 원한다.

이제는 새로운 인본주의, 다시 말해 새로운 실천과 도시 사회 인간을 목표로 노력해야 한다. 이런 의지를 위협하는 신화와 싸우고, 이 계획의 방향을 수정하려는 이념과 이 경로를 이탈하게 하는 전략을 무너뜨려야 한다. 도시 생활은 아직 시작되지 않았다. 아주 오래된 사회의 기록을 보면, 농촌이 도시 위에 있었고, 그 도시의 아이디어와 '가치', 금기와 규정이 대부분 농촌에서 유래했고, 농촌적이고 '자연적'인 것이 지배적이었다. 도시는 농촌이라는 바다의 수면 위로 간신히 모습을 드러낼 뿐이었다. 농촌은 (아직도 그렇지만) 부족과 결핍, 인정하거나 거부한 박탈, 궁핍을 견디고 조절하는 금지의 사회였다. 게다가 축제의 사회이기도 했다. 그러나 가장 긍정적이었던 이 요소는 존속하지 못했는데, 신화나 종교보다 오히려 이 요소를 부활시켜야 한다. 결국, 전통 도시의 위기는 농업과 전통 문명의 위기와 함께 찾아온다. 그것은 함께 진행되고 심지어 동시에 진행된다. 이 이중적 위기 해결의 과제는 '우리'에게 달렸고, 이는 특히 새로운 도시에서 새로운 삶을 창조함으로써 가능하다. 혁명 국가들(시월 혁명 이후 10-15년이 지난 소련[1]을 포함해서)은 산업에 기반을 둔 사회의 발전을 예견했다. 단지 예견만 했을 뿐이다.

앞서 말한 '우리'는 여기서 모든 이해 당사자를 뜻한다. 건축가, 도시계획가, 사회학자, 경제학자, 철학자, 정치가 등 누구도 의지만으로 무(無)에서 새로운 형태와 관계를 끌어낼 수 없다. 더 구체적으로 건축가는 사회학자보다 우월하지도 않고, 마술사 같은 능력을 갖추고 있지도 않다. 둘 중 어떤 것도 사회적 관계를 형성할 수 없다. 뭔가를 만들기에 유리한, 어떤 특정한 조건을 갖췄을 때 그들은 만들려는(형태를 갖추려는) 움직임을 돕는다. 사회적 삶(실천)만이 그 자체의 총체적 역량에 그런 힘을 갖추고 있다. 혹은 갖추지 못했을 수도 있다. 앞서 언급한 전문가들은 개별적으로 혹은 집단적으로 길을 닦을 수 있다. 그들은 또한 형태를 제시하고, 시도하고, 준비할 수 있다. 그리고 (무엇보다도) 획득한 경험의 목록을 작성하고, 실패에서 배

---

1. 10월 혁명, 볼셰비키 혁명은 1917년 러시아에서 일어난 두 번째 혁명이며, 이후 소비에트 연방(URSS)이 결성됐다. 여기서 저자는 공산주의가 순수함을 잃고 변형되고 몰락하기 전인, 1920-30년대를 시점으로 이야기하고 있다. 역주.

우고, 과학이라는 자양을 공급받은 산파술을 통해 가능성의 탄생을 도울 수 있다.

이 시점에서 지적인 접근법과 도구의 변화가 절실하다는 사실을 환기하고자 한다. 우리에게 아직 익숙하지 않은, 다른 분석에서 사용한 공식[formulation]과 몇몇 정신적 방법을 빌려와야 한다.

a) **변환**[transduction]. 이것은 체계적으로 지속 가능한 지적 작업이며, 고전적 추론을 통한 귀납법이나 '모델' 구상, 모의 실험, 가설 제시와 다른 것이다. 변환은 현실에 관한 정보만이 아니라 현실이 제기한 문제로부터 이론적 대상이나 **실현 가능한** 대상을 **정교하게** 정의하고 구축한다. 변환은 사용한 개념 틀과 관찰 사이에 끊임없는 **피드백**을 가정한다. 그 이론(방법론)은 도시계획가, 건축가, 사회학자, 정치가, 철학자의 특정한 자발적이고 정신적인 작용을 형상화한다. 그리고 발명 과정의 엄격함과 유토피아에 관한 지식을 소개한다.

b) **실험적 유토피아**[utopie expérimental]. 오늘날 누가 **유토 피아의 주민**이 아닌가? 오직 좁은 영역에서만 전문화되고, 최소한의 비판적 실험도 거치지도 않고 정한 기준과 제약을 적용하라고 강제하는 권력자, 더없이 지루한 인물만이 유토피아

주의에서 멀어진다. 미래학자, 미래 파리를 계획하는 도시계획자, 브라질리아를 만든 엔지니어 같은 인물은 모두 유토피아인이다! 그런데 유토피아주의에도 여러 종류가 있다. 그중 최악은 정체를 드러내지 않고 스스로 실증주의로 포장하며, 이런 명목으로 가장 가혹하고 한심한 제약을 강요하는 전문성이 부재된 경우가 아닐까?

유토피아는 실질적 의미와 결과를 실험적으로 연구하고 고려해야 한다. 이 과정은 놀라울 수 있다. 사회적으로 성공한, 혹은 성공할 장소는 어떤 것인가? 어떻게 그것을 탐지할 수 있을까? 어떤 기준에 따라? 어떤 시간과 어떤 일상생활의 리듬이 이런 '성공적인' 공간, 즉 행복에 유리한 공간에 새겨지고, 쓰이고, 정해질까? 흥미로운 주제이다.

지적으로 필수적인 또다른 단계가 있다. 즉 세 가지 근본적인 이론 개념인 구조, 기능, 형태가 **분리되지** 않은 상태에서 그것들을 식별하고, 그 범위, 영향 영역, 한계와 상호적 관계를 파악해야 한다. 다시 말해 그들이 하나의 전체를 구성하지만, 이 전체의 요소 사이에는 어느 정도의 독립성과 상대적 자율성이 있음을 알아야 한다. 구조주의, 형식주의, 기능주의 같은 이념에, 즉 독단적이고 폐쇄적인 의미 체계를 제공하는 것 중 어느 것에도 특권을 주지 말아야 한다. '변환'이라고 부르는 작업에서도 그렇듯이, 그것들을 **동등한** 비중으로 다루며, 순차적으로 현실을 분석(남기는 부분이 전혀 없을 수도 없고 완전할 수도 없는 분석)하는 데 적용해야 한다. 기능은 서로 다른 구조 덕분에 수행될 수 있고, 용어 사이에 항상 같은 의미가 연결되는 것은 아님을 잘 이해해야 하며, 기능과 구조는 그것을 드러내고 숨기는 형태를 택하고, 이런 측면의 삼중성은 측면, 요소, 부분을 넘어서는 '전체'를 구성함을 알아야 한다.

우리가 사용하는 지적 도구 중에는 절대적인 경멸도 특권도 받아서는 안 되는 것이 있다. 그것은 의미 **체계**(정확히 말해서 **하위 체계**)의 도구이다.

정치인들에게는 자기가 영향을 끼친 사회적 행위와 사건을 자기 전략에 따르게 하는 의미 체계(이념)가 있다.

보잘것없는 거주민에게는 생태학적 수준에서 그에게 부여된 의미 체계(하위 체계)가 있다. 이곳 또는 저곳에 거주한다는 사실은 교외 주택 주거 같은 특정 체계의 수용, 채택, 계승의 의미를 포함한다. 거주민에게 부여된 의미 체계는 그의 수동성과 활동성의 성격을 말해준다. 그것은 그들에게 수용되지만, 실천을 통해 수정된다. 그리고 인정된다.

건축가들은 의미의 전체 체계를 구성하고 이론화하는데, 그 자체로는 이해하기 어렵고, '기능', '형태', '구조', 혹은 기능주의, 형식주의, 구조주의 같은 다양한 용어를 통해 설명한다. 그들은 거주자가 인식하고 경험하는 사실이 아니라, 그들이 해석한 '거주하다'라는 사실에서 출발한다. 그것은 언어적이고 논증적이며 메타 언어[2]를 지향한다. 그것은 도형주의[graphisme]나 시각주의[visualisme]다. 이 건축가들은 기관과 연계된 사회 단체를 구성하고, 그들의 체계는 폐쇄적이고, 강압적이며, 비판을 회피하는 경향을 보인다. 다른 어떤 절차나 대비도 없이 확대 적용돼 흔히 **도시계획**으로 인식되는 이 체계를 공식화할 필요가 있다.

우리가 정당하게 **도시계획**이라고 부를 수 있는 이론은, **거주하다**(habiter, 인간의 행위)라고 부르는 오래된 행위의 의미를 규정하고, 이와 관련된 부분적 사실들에 도시 **시공간**에 관한 일반 이론을 적용하며, 이처럼 공들인 작업에서 비롯한 새로운 적용 상태를 보여준다. 아울러 이 도시계획은 잠재적으로 존재한다는 사실에 주목해야 한다. 이것은 도시와 도회지에 관한 온전한 이론의 실천적 적용으로서만 이해될 수 있으

---

2. metalangage : 다른 언어를 기술하거나 분석하는 데 사용되는 언어. 역주.

며, 이를 통해 분열과 분리, 특히 도시 철학과 도시 과학, 부분과 전체 사이의 분리를 극복한다. 오늘날 도시계획은 이념과 전략적 연관성에 대한 분명한 분석과 비판을 통해서만 이 도정에 드러날 수 있다.

도회지의 경우, 분석의 대상으로 삼아 명백히 정의할 수 있다고 해서 그것이 온전히 존재하거나 완벽한 상태라는 의미는 아니다. 도시에는 다른 어떤 대상보다도 행위와 잠재력에서 매우 복잡한 전체성이라는 특성이 있다. 이 전체성은 연구를 통해 그 내용이 조금씩 드러나지만, 아주 천천히 소진되거나 아예 소진되지 않을 것이다. 이 '대상'을 현실, 혹은 명백한 사실로 간주하는 것은 이념화, 신화화일 뿐이다. 지식은 과정에 초점을 맞추지 않고, 대상을 파악하는 데 필요한 다양한 방법을 고려해야 한다. 분석적 분할 작업은 겉으로 보이는 대상자체의 상태가 아니라 대상 내부의 분절 상태를 되도록 충실히 따라야 하고, 절대 완성되지 않을 복원 작업이 그 뒤를 따르게 된다. 설명, 분석, 종합의 시도는 절대로 완벽하다거나 결정적이라고 말할 수 없다. 형태, 구조, 기능, 수준, 차원, 종속, 독립 변수, 상관관계, 전체성, 집합, 체계 등 모든 개념과 관념의 모든 수단이 동원된다. 여기서 다른 곳과 마찬가지로, 혹은 다른 곳보다 더욱 마지막으로 남은 것들이 가장 가치 있는 것으로 드러난다. 각각의 '대상'은 차례로 비판적 시험대에 올라 가능한 범주에서 실험적 검증의 대상이 된다. 도시 과학이 성립하고 사회적 실천을 향해 나아가는 데는 역사적 시간이 필요하다.

도시 과학은 필요하지만, 충분치 않다. 그 필요성과 아울러 그 한계도 인식하게 된다. 도시에 대한 성찰은 고유하고, 특별하고, 중앙에 집중된 사회적 단위(국지적인)의 구축이나 재구성을 요구한다. 그리고 그것의 연결과 긴장은, 구조가 없는 것이 아니라 유연한 구조와 위계가 있는, 복잡한 내부 질서를 갖춘 하나의 도시 단위를 재건할 것이다. 더 정확하게 말하자면, 사회학적 성찰은 실천적 참여의 조건과 마찬가지로 도시의 통합 능력의 재건과 지식을 목표로 한다. 이는 불가능한 일이 아니다. 단 한 가지 조건이 있다. 즉 이런 단편적인, 다시 말해 부분적인 시도가 비판과 실제 검증, 그리고 총체적 관심에서 절대 벗어나지 않게 하는 것이다.

지식은 '모델'을 만들고 제안할 수 있다. 여기서 각 '대상'은 다름 아닌 도시 현실 모델이다. 그런데 이런 '현실'은 사물처럼 다루기 쉽지 않고, 가장 기능적인 지식을 위해서라도 도구화되지 않는다. 예전 도시가 그랬듯이 복잡한 사고의 행위와 작품으로 돌아가기를 누가 원치 않겠는가? 그런데 우리는 이처럼 소원과 열망을 어느 정도 수준에서 유지할 뿐, 적극적으로 **도시 전략**을 결정짓지는 않는다. 이를 위해서는 한편으로 기존 전략을, 다른 한편으로 도시 과학, 성장을 계획하고 개발을 통제할 목적으로 활용하는 지식을 고려하지 않을 수 없다. 누가 '전략'을 말하고, 누가 고려해야 할 '변수'의 계층 구조를 말하든, 그중 일부는 전략적 역량을 갖춘 세력이고, 다른 일부는 전술적 수준을 갖춘, 다시 말해 이 전략을 실천하는 세력이다. 오직 혁명적 주도권을 쥔 집단, 계급, 일부 사회 계급만이 책임을 지고 도시 문제에 대한 해결책을 완전히 수행할 수 있다. 개조된 도시는 이런 사회적·정치적 세력에 작품이 될 것이다. 가장 먼저 해야 할 일은 현재 사회에서 지배적인 전략과 이념을 해체하는 것이다. 대립 관계에 있는 여러 집단이나 전략이 있어도 (예를 들어 국가와 개인의 사이에) 상황은 마찬가지다. 토지 소유 문제에서 차별 문제에 이르기까지 각각의 **도시 개혁** 계획은 구조를 문제 삼는다. 기존 사회의 구조나 직접적 (개인적)이고 일상적인 관계의 구조뿐 아니라 우리가 제도적인 방식을 통해 강압적으로 도시 현실의 잔재에 적용하는 것처럼 보이는 구조도 있다. 그 자체로 **개혁적인** 도시 재생 전략은 기존 상태의 힘에 의존하기보다 오히려 그것에 저항하며 생성되므로 '필연적으로' 혁명적이다. 도시 과학의 기반 위에서 세운 도시 전략이 효과적으로 작동하려면 사회적 지지와 정치적인 힘이 필요하지만, 그것만으로는 부족하다. 도시 전략은 본질적으로 그들의 의지에 반(反)해서 생긴 차별을 종식할 수 있는 유일한 계급인, 노동 계급의 존재와 행동에 의존하지 않을 수 없다. 이 계급만이, 계급의 이름으로, 차별 전략을 통해 파괴되고, '의사결정 중심'이라는 위협적인 형태로 재발견된 중심성의 재건에 결정적으로 이바지할 수 있다. 오직 노동자 계급만이 도시 사회를 건설할 수 있다는 뜻이 아니라, 그들 없이는 불가능하다는 뜻이다. 그들이 없는 통합은 모순이며, '통합'이라는 이름의 거짓된 추억과 가면 아래 해체는 계속될 것이다. 거기에는 선택이 있을 뿐 아니라, 열리고 닫히는 지평이 있다. 노동자 계급이 침묵할 때, 그들이 행동하지 않고, 이론적으로 그들의 '역사적 사명'이라고 정의한 것을 완수할 수 없을 때 '주제'와 '대상'은 결핍된다. 성찰하는 사고는 이 부재를 인정한다. 말하자면 이것은 두 가지 제안을 정교하게 만들어내야 함을 의미한다.

a) 현실에 대한 연구를 기반으로 하지만, '현실주의'에 복속되지 않는, 현재 사회의 틀과 가능성을 통해 정의되지 않은, **도시 개혁의 정치적 프로그램**. (달리 말해서, 이처럼 구상된 개혁은 개혁주의에 국한되지 않는다) 따라서 이 프로그램은 독자적이고, 심지어 역설적인 성격을 띠고 정치세력, 즉 정당에 제안할 목적으로 고안된다. 심지어 그것이 노동자들을 대표하거나 그들을 대표하려는 '좌파' 정당에 우선적으로 위임될 것이다. 그러나 이런 세력이나 단체와의 관련성을 염두에 두고 고안되지는 않을 것이다. 이와 관련해서 프로그램은 지식에서 비롯한 특징적 성격, 즉 과학적인 내용을 포함할 것이다. 그리고 그것이 (이 임무를 맡은 사람들을 위해, 그들에 의해 수정될지라도) **제안**될 것이다. 정치 세력이 책임을 다 해야 한다. 현대 사회와 생산자의 미래를 예측해야 하는 이 분야에서 무지와 몰이해는 역사 앞에 책임이 따른다.

b) 현재 실행이 가능한지, 아니면 단지 이상주의적(명확하게 말해서 '유토피아'적인지)인지 고려하지 않고 '모델'과 도시 공간과 시간의 형태를 포함해서 고안한 **도시계획 프로그램**. 이런 모델이 기존의 도시와 도시 유형에 단순한 연구나 요소들의 단순한 조합만으로 실현될 수 있을 것 같지는 않다. 상반

되는 경험은 제외하고, 도시의 시간과 공간의 형태를 구상해서 실천할 수 있는 것을 제안해야 한다. 도피와 회피를 허용하고 이념을 실현하는 상상이 아니라 (시간, 공간, 생리적 삶, 욕망의) 현실적 **전유**에 대한 투자를 상상해야 한다. 영원한 도시에 한시적 도시를, 안정된 중심성에 불안정한 중심성을 대립시키지 못할 이유라도 있을까? 계획에는 모든 대담성이 허용된다. 왜 이런 제안을 공간과 시간의 형태에만 국한해야 할까? 이런 점에서 제안에 도시에서의 생활양식, 도회지의 발달에 관한 내용을 배제하지 말아야 한다.

이 두 가지 종류의 계획에 단기·중기·장기 제안을 포함하면, 이것이 문자 그대로 도시 전략이 된다.

우리 사회는 풍요나 충만(내구성 있는 사물이나 상품, 양, 만족, 합리성)을 원한다. 그러나 실제로 이것은 거대한 공허의 구멍을 파고 그 안으로 들어가는 셈이다. 이 공허에서 이념이 불안하게 동요하고, 수사(修辭)가 희미해진다. 사변과 숙고, 파편화된 분절과 단편적 지식에서 발원하는 능동적 사고를 통해 제안할 수 있는 가장 큰 구상은 이 빈틈을 언어만이 아니라 인간으로 가득 채우는 것이다.

이념이 구조에 대해 그토록 말이 많은 시대에 도시의 구조

상실은 (사회적·문화적) 해체 현상의 깊이를 드러낸다. 이 사회는 전체적으로 **공백**(구멍)이 많다는 사실이 밝혀졌다. 다양한 수단(제약, 공포, 이념적 설득)으로 통합돼 고착된 하위 체계와 구조 사이에는 구멍, 때로는 심연이 있다. 이런 공백은 우연히 생긴 것이 아니다. 이 또한 가능성의 공간이다. 거기에는 부유하고 분산된 요소들이 있지만, 그것을 모두 조합할 힘은 갖추지 못했다. 더 나아가, 구조화하는 행위나 사회적 공백의 권력은 그런 행위나 그런 힘의 존재 자체를 부정한다. 오로지 급진적 변화를 통해서만 그것이 가능한 조건이 형성된다.

이런 국면에서 이념은 과학이 현실을 대상으로 하고, 분석한다는 점에서 '과학성'에 절대적 성격을 부여하는 척하지만, 사실은 그렇게 해서 오히려 가능성을 배제하고 진로를 막아버린다. 그런데 이런 국면에서 과학은(다시 말해 단편적인 지식들) 오로지 **계획**과 관련된 범위의 역량을 갖추고 있을 뿐이다. 과학은 계획에 기본 요소들을 제공한다. 이런 요소들이 이미 전체를 구성한다고 가정한다면, 문자 그대로 계획을 실현하고 싶다면, 가상의 대상을 이미 존재하는 기술적 대상처럼 다루게 된다. 우리는 비판이나 자기비판이 없는 계획을 실천하고, 이 계획은 기술 관료들의 이념을 현장에 적용함으로써 실현된다. 이것은 필요하지만, 프로그램 요소만으로는 충분하지 않다. 실행 도중에 계획이 변경된다. 오랜 정치 경험을 통해 도시에 자신을 헌신하는 사회적 힘만이 도시 사회 프로그램을 실현할 수 있다. 역으로, 도시 과학은 이런 관점에 이론적이고 비판적인 기초이자 긍정적인 기반을 제공한다. 변증법적 이성으로 통제되는 유토피아는 과학 소설에서 길을 잃을 수도 있는, 상상력에 미친 사람들을 통제하는 문지기 역할을 한다. 게다가 이 기초와 기반은 사고가 정책에서 길을 잃고 사라져버리지 않게 돕는다. 변증법은 여기서 과학과 정치력 사이의 관계처럼, 대화처럼 작동해서 '이론-실천' 관계와 '긍정적-부정적 비판'을 활성화한다.

과학처럼 필요하지만, 충분하지 않은 **예술**은 도시 사회의 실현에 불행이며 동시에 행복 같은 삶에 대한 오랜 성찰을 제공한다. 게다가 무엇보다도 예술은 작품의 의미를 복원한다. 그것은 **전유된** 시공간의 여러 모습, 즉 아직 실제로 경험하지도 않았고, 수동적으로 체념하지도 않은 것을 형상화한 작품으로 보여준다. 또한, 음악은 시간의 전유를, 회화와 조각은 공간의 전유를 보여준다. 과학이 부분적인 결정론을 발견하는 정도에 그친다면, 예술(그리고 철학)은 부분적인 결정론에서 어떻게 총체성이 태어나는지를 보여준다. 도시 사회를 실현할 능력이 있는 사회적 힘에 기술과 지식을 효과적이고 효율적으로 **통합**하게 하는 책임이 부여된다. 예술과 예술의 역사는 도시의 과학만큼이나 외부로 전파하는 이미지를 효과적으로 만들려는 도시에 대해 성찰한다. 이런 성찰이 대립을 극복함으로써 실천적 행동을 목표로 한다면, 그것은 비현실적이면서 동시에 현실적일 것이다. 최대의 유토피아주의가 최적의 현실주의와 일치한다는 주장마저도 가능하다.

시대의 특징적 모순 중에서 사회 현실과 문명에 기록된 사실 사이에는 (특히 가혹한) 모순의 기록도 있다. 한편으로 대량학살이 있고, 다른 한편으로 어린이 목숨을 구하거나 병자의 죽음을 늦추는 등 의료 개입 같은 것이 있다. 마지막으로 중요한 모순 중 하나가 여기에서 밝혀졌다. **사회의 사회화와 일반화된 차별** 사이의 모순이다. 물론 **혁명적**이라는 꼬리표와 고루한 생산주의적 합리주의 범주에 대한 집착 사이의 모순 같은 다른 사례들도 존재한다. 대중의 압력에 따라 나타난 사회적 효과의 하나로 개인이 등장해서 자기주장을 펼치고, 여러 가지 **권리**가 생겨났다. 그것은 행동이 따르는 관습이나 규정에 포함됐고, 이런 구체적인 '권리'들이 대규모 파괴, 세계 대전, 핵테러 같은 위협에도, 민주주의라는 명목을 전면에 내세웠던 인간과 시민의 추상적인 권리[3]를 현실적으로 보완해왔다. 예를 들어 연령과 성별에 따른 권리(여성, 아동, 노인), 생활환경에 대한 권리(프롤레타리아, 농민), 교육받을 권리, 일, 문화, 휴식, 건강, 주거에 대한 권리 같은 것이 그렇다. 이런 권리를 인정받고, 관습의 일부가 되게 하고, 여전히 불완전한 법 조항에 포함시키려면 노동자 계급의 압력이 필요했고, 여전히 필요한 상태이다(그러나 여전히 부족하다).

꽤 이상한 **자연에 대한 권리**(농촌과 '순수한 자연'에 대한 권리)는 시민이 누리는 **여가** 덕분에 이미 사회적 실천에 포함됐다. 이 권리는 도시(부패하고 폭발하는 도시)의 소음, 피로, '집단 수용소' 세계에 반대하는 등 일상이 된 투쟁을 통해서 나아갈 길을 개척하고 있다. 이것은 분명히 이상한 여정이다. 자연은 교환가치와 상품에 포함되고, 사기도 하고 팔기도 한다. 상업화되고, 산업화되고, 제도적으로 조직된 여가활동은 은밀하게 거래하려는 이 '자연스러움'을 파괴한다. '자연' 혹은 과거에 그랬던 것, 살아남은 것은 즐거움을 위한 예외적 공간, '창의성'을 위한 피정 장소, 여가활동의 게토가 된다. 도시 사람들은

---

3. 여기서는 1789년 프랑스 인권 선언을 의미한다. 역주.

자연으로 도시성을 가져오기보다 도시를 전파한다! 그들이 식민지로 만든 농촌은 전원적인 삶의 본질, 특성과 매력을 잃었다. 도시는 농촌을 황폐화한다. 도시화된 농촌은 거주민이 주거와 거주에서 비참한 상태에 놓인 빼앗긴 농촌이라는 극단적 사례와 배치된다. 자연에 대한 권리와 농촌에 대한 권리가 농촌과 자연 자체를 파괴하는 것은 아닐까?

이 권리 혹은 유사 권리에 맞서 **도시에 대한 권리**는 호소처럼, 요구처럼 목소리를 높이게 된다. 놀라운 우회를 통해 – 향수, 관광, 전통 도심으로의 회귀, 이미 존재하거나 새로 구성된 중심성의 호소 – 이 권리는 천천히 그 여정을 계속한다. 자연에 대한 요구, 자연을 향유하고 싶어하는 욕망은 도시에 대한 권리로부터 눈을 돌린다. 이 마지막 요구는 쇠락하고 재생되지 않은 도시, '실제로' 존재하기도 전에 소외당한 도시의 삶에서 벗어나려는 경향처럼 간접적으로 표출된다. 자연에 대한 욕구와 '권리'는 불가피하게 도시에 대한 권리와 배치된다.(하지만 이는 도시의 폭발적인 확산에 직면해서 광대한 '자연' 공간을 보존할 필요가 없다는 뜻은 아니다)

도시에 대한 권리는 단순히 전통적 개념의 도시로 돌아가거나 그런 도시를 모색할 권리가 아니다. 그것은 개선되고 재생된 **도시에서 살아갈 권리**로서 표현될 뿐이다. 만남의 장소이고, 교환가치보다 사용가치가 더 크며, 보유한 자산 중에서 최고의 자산이 된 공간에서 보내는 시간이 새겨진 '도회지'가 형태적 기반, 즉 삶의 실용적이고 구체적인 실현의 장소가 된다면, 도시 조직이 농촌을 둘러쌌든, 그 결과로 전원적인 삶에서 무엇이 살아남든, 그것은 중요하지 않다. 이런 권리는 과학과 예술 자원을 활용하는 도시와 도시 사회의 통합적 이론을 전제한다. 그리고 오직 노동자 계급만이 이 권리를 실현할 수 있는 진행 대리인, 의사 전달자 또는 사회적 매개가 될 수 있다. 여기서도 그들은 한 세기 전에 그랬듯이 단지 그들의 존재 자체만으로도 자신에게 적대적으로 전개되는 전략을 부정하고 거부한다. 비록 조건은 달라졌지만, 그들은 한 세기 전에도 그랬듯이 사회 전체, 무엇보다도 모든 **주민**의 (직접적·피상적 수준을 초월한) 이익을 일원화한다. 신흥 부르주아 귀족들(누가 감히 그들을 무시하겠는가?)은 올림포스 신들처럼 이제 집에서 살지 않는다. 그들은 이 궁전에서 저 궁전으로, 이 성에서 저 성으로 옮겨 다니며 산다. 그리고 요트에서 지내며 함대와 국가를 지휘한다. 그들은 어디에나 있고, 어디에도 없다. 그렇게 일상에 파묻혀 사는 보통 사람들을 매료한다. 그들은 일상성을 초월한다. 그들은 자연을 소유하고, 하수인들에게 문화를 창조하라고 명령한다. 젊은이와 청소년, 학생과 지식인, 화이트 칼라든 아니든, 노동자, 지방 거주민, 식민, 반식민지의 피지배자 등 잘 규정된 일상성을 살아가는 모든 사람의 처지에서 길게 이야기할 필요가 있을까? 도시 거주민, 교외 거주민, 게토나 오래된 도시의 낡은 중심부 거주민, 이처럼 도시 중심부에서 멀리 떨어진 외곽 소도시 거주민의 희비극적인 비참을 길게 이야기할 필요가 있을까? 주거에서 가깝거나 먼 기차역이나 붐비는 지하철, 사무실 또는 공장으로 뛰어가고 저녁이 되면 똑같은 길을 되돌아 집으로 와서 다음날 다시 시작할 힘을 회복하는 사람들의 일상을 이해하려면, 그저 눈을 뜨고 바라보는 것만으로도 충분하다. 이처럼 일반화된 비참한 장면은 그것을 숨기고 피하고 벗어나는 도구가 된 '만족'이라는 또 다른 장면 없이는 쉽게 넘어가지 않는다.

제13장

관점인가, 전망인가?

고대 도시를 사회적 기반이자 이론적 토대로 삼는 고전 철학은 애초에 이상적인 도시의 이미지를 만들려고 노력했다. 『크리티아스』에서 플라톤은 도시에서 세계, 더 정확히 말해서 우주, 소우주의 이미지를 봤다. 도시의 시간과 공간은 철학자가 발견한 우주의 형상을 대지에 재현한다.

오늘날 '이상적' 도시와 우주의 관계를 보여주는 이미지를 찾는다면, 철학자도 도움이 되지 않고, 도시 현실을 부분, 영역, 관계, 상관관계로 나누는 분석가도 도움이 되지 않는다. 오히려 공상과학 소설 작가들을 찾아가야 한다. 공상과학 소설은 미래 도시의 현실에 대한 가능한, 그리고 불가능한 모든 변화를 예견했다. 때로 오래된 도시의 여러 핵심부들은 다소 두껍고, 딱딱하고, 어두운 반점처럼 행성 전체로 번식하고 확장하는 도시 조직에 뒤덮여 죽어간다. 오랫동안 진행된 쇠퇴 후에 사라질 운명에 놓인 이런 중심부에는 실패자, 예술가, 지식인, 폭력배가 모여들어 근근이 살아간다. 때로 거대한 도시가 재구성되고 이전보다 더 심한 권력 투쟁이 벌어진다. 극단적인 경우, 아시모프의 걸작 『파운데이션』[1]에서 거대 도시는 트렌터 행성 전체를 덮고 있다. 이 도시는 지식과 힘을 사용하는 모든 수단을 갖추고 있으며, 그들이 지배하는 은하계에서 의사 결정의 중심이 된다. 엄청난 사건들이 벌어진 뒤에 트렌터는 우주를 구하고 종말을 향한다. 다시 말해, 우여곡절 끝에 마침내 찾게 된 안정 속의 기쁨과 행복이라는 '종말의 통치'를 향해 나아간다. 성격이 양극단을 이루는 이 두 도시[2] 사이에 공상 과학 소설 선구자들은 강력한 컴퓨터가 지배하는 도시, 필수 불가결한 생산에 매우 특화된 도시, 그리고 행성계와 은하계 사이를 이동하는 도시와 같은 중간 버전의 도시도 창조했다.

지평선을 탐험하러 멀리 가야 할 필요가 있을까? 이상적인 도시, 뉴 아테네[3]가 눈앞에 펼쳐진다. 다른 도시들도 그랬지만,

1. 아이작 아시모프(1920 – 1992)가 1951년 발표한 작품. 은하계 최고의 과학자와 학자 들을 외딴 행성에 집합시켜 예술, 과학, 기술 등 인류가 그간 축적한 모든 지식을 동원한 새로운 문명을 시작한다. 이 성역을 '파운데이션', 그 핵심부를 '아셰폴', 주변부를 '트렌터'라고 부르며, 앞으로 3만 년간 계속될 무지와 야만, 전쟁의 시대를 견딜 수 있도록 설계한다. 역주.

2. '파운데이션' 내 아셰폴과 트렌터. 역주.

3. 1953년 영국작가 아서 C 클라크의 공상과학 소설 『유년기의 끝』에 나오는 신인류를 위한

특히 뉴욕과 파리는 이미 그 확고한 이미지를 전 세계에 선보였다. 의사 결정의 중심이 곧 소비의 중심이 된다. 전략적 공조를 기반으로 한 둘의 결합은 전 세계적으로 놀랍도록 강력한 중심을 만들어냈다. 이미 알려졌듯이 이 의사 결정 중심은 요동치는 모든 정보 채널, 문화와 과학 교육의 모든 수단을 포함한다. 강압과 설득이 의사결정권과 소비력을 한 곳으로 집중한다. 새로운 주인들이 이 중심부를 확고하게 장악하고 거기서 거주한다. 그들은 소유권을 완전히 독점하지 않고도 이 엄격한 공간 계획의 축이자 특권 공간인 이 중심부를 차지한다. 무엇보다도 그들에게는 시간을 소유하는 특권이 있다. 그들 주변에는 형식화된 원칙에 따라 공간에 분산돼 자리잡은 집단이 있다. 그들은 노예나 농노, 하인, 심지어 프롤레타리아라고도 이름 붙일 수 없는 인간들이다. 이들을 어떤 이름으로 불러야 할까? 노예처럼 살아가는 이들은 도시에 확고히 자리 잡은 나라의 주인들이 사용할 다양한 '서비스'를 제공한다. 주인들은 현란한 나이트클럽부터 장엄한 오페라까지, 또 리모컨으로 조종하는 몇몇 축제를 포함해서 문화적 이벤트만이 아니라 그 밖의 모든 쾌락을 향유한다. 한쪽에서는 사회적 장소의 주

도시. 역주.

인인 소수 자유 시민이 즐기고, 다른 한쪽에서는 원칙적으로 자유인이지만 자발적으로 하인이 돼 합리적 방법으로 대우받고 통제받는 사회, 소수의 주인이 터무니없이 많은 노예를 지배하는 이곳이 바로 뉴아테네가 아닐까? 고대 철학자들과 전혀 다른 학자들, 소위 일류 사회학자들은 국가와 질서의 종복으로, 경험과 엄격성, 과학성을 구실로 맡은 일의 하수인으로 전락하지 않았을까? 심지어 가능성을 수치화할 수도 있다. 관리자, 책임자, 다양한 분야의 사업체 대표, 엘리트, 유명한 작가와 예술가, 인기 있는 연예인, 영향력 있는 의견 주도자가 인구의 1%를 차지한다. 21세기 프랑스에서 새로 주목할 만한 인물이 그들의 가족과 수행원, 그들의 '회사'를 포함해서 대략 50만 명쯤 된다고 가정하자. 중심의 지배는 이차 영역의 소유나 자연, 바다, 산, 고대 도시의 향유(초고가 호화 여행, 호텔 체류 등 그들 전용의 여가)를 배제하지 않는다. 그 아래 '임원', 관리자, 엔지니어, 학자가 4%를 차지한다. 그중에서 가장 저명한 사람들이 선택돼 도시 중심부에 들어간다. 이 선택에는 아마도 다른 제약 조건 없이 소득 수준과 대중적 지명도만으로도 충분할 것이다. 다른 사람들, 특권이 있는 아랫사람들도 합리적인 계획에 따라 활동 영역을 배분한다. 이런 식의 성공에 도달하기까지 국가 자본주의는 모든 것을 신중하게 준비했다. 다양한 도시 게토의 구획 정리를 잊지 않았고, 학문와 과학을 위한 매우 치열하고 경쟁적인 지구를 설계했다. 실험실과 대학에서 학자와 지식인은 더 나은 처우를 받아야 마땅한 열정으로 경제와 정치를 지배하는 주인에게 더 많은 재화를 벌어주기 위해, 올림푸스 신들에게 영광과 기쁨을 바치기 위해 경쟁적으로 충돌했다. 게다가 이 이차적 엘리트들은 과학 연구 단지, 대학 '캠퍼스', 지식인들의 게토에 거주가 배정됐다. 여러 가지 제약으로 압박받는 대중은 자연스럽게 위성 도시에, 계획 개발된 교외에, 배정된 '주거' 게토에 살게 된다. 그들에게는 신중하게 계산된 공간이 할당되고, 시간은 그들의 통제를 벗어난다. 대중은 권력 집중의 요구에 속박된 일상을 (아마도 그런 사실조차 모르는 채) 살아간다. 그러나 집단 수용 영역에 관해서는 의문의 여지가 없다. 합리성, 조직성, 프로그래밍을 가장한 자유 이념 없이도 아주 잘 지닐 수 있다. 인민, 서민, 노동자 계급이라고 불릴 자격이 없는 이 대중은 그들의 일상생활이 원격으로 통제되고, 잠재적이고 일반화된 공포를 부추기는 실업이라는 영구적 위협이 그들을 짓누르고 있다는 사실만 모른 척하면 '상대적으로 잘' 살고 있다.

누군가 이 유토피아를 보고 만족해서 웃는다면, 분명히 그는 착각하고 있다. 그런데 그가 틀렸다는 것을 어떻게 증명할 수 있을까? 그가 눈을 떴을 때는 이미 너무 늦었다. 그는 증거를 요구한다. 그가 집합 이론이나 '클러스터' 이론[4], 분산 분석의 정밀성이나 언어학의 확실한 장점을 알고 있다고 해도, 어떻게 시각장애인에게 빛을 보여주고, 어떻게 근시에게 수평선을 보여줄 수 있을까?

중세 이래 유럽 문명은 시대 혹은 세대에 따라 그에 적합한 각기 다른 가능성의 이미지, 꿈, 천국과 지옥에 대한 상상을 품고 있었다. 모든 이념에서 중요하고 필수적인 부분은 새로운 세계, 새로운 삶에 대해 가장 좋은 면을 표현하는 것이다. 18세기는 매우 풍족했지만, 이 기능을 수행하기에는 착한 야만인이나 축복받은 섬처럼 다소 빈약한 이미지만이 유행하고 있었다. 18세기의 몇몇 인물은 이런 이국정서[exoticisme]에 의심할 여지 없이 더 가깝지만, 어느 정도 가장된 영국 이미지를 더했다.[5] 그들과 비교하면 **우리**(여기서 각색된 우리는 일반적으로 지

---

4. cluster theory : 알프레드 마샬(Alfred Marshall)의 저서 『경제학 원리(*Principles of Economics*)』(1890)에서 최초로 클러스터를 '특정 지역에 전문화된 산업이 집중된 것'으로 정의한 바 있다. 역주.

5 예를 들어, 1726년 조너선 스위프트의 풍자소설 『걸리버 여행기』가 있다. 역주.

식인이며, 20세기 후반 프랑스 파리나 파리 외곽에 거주하는, 명확하게 규정되지 않은 군중, 비공식적 집단, 한데 모으기 어려운 사람들을 의미한다)에게는 이미지가 풍부하다. 미래를 상상할 때 소련과 미국, 중국, 유고슬라비아, 쿠바, 이스라엘, 스웨덴, 스위스 그리고 보로로를 포함해서 하나로 통합되지 않는 수많은 모델, 방향, 가능성이 있다.

프랑스 사회가 도시화하고 파리가 변화하는 상황에서 특정한 세력이나 권력이 프랑스의 미래를 구상하는 동안, 아무도 이상적인 도시나 자기 주변에 건설될 실제 도시를 진지하게 생각해보지 않았다. 유토피아는 다소 멀고, 다소 알려지거나 알려지지 않은 여러 가지 현실에 연결돼 있고, 더는 실생활에 개입하지 않는다. 더는 주변 현실을 잔인하게 허물어뜨리는 부재와 간극에서 태어나지 않는다. 지평선을 바라보던 시선은 구름 속 어딘가에서 길을 잃는다. 그것이 우리가 더는 이념을 믿지 않고, 현실주의와 합리주의를 믿기 시작하는 바로 그 시점의 이념 전환이 가진 힘이다.

앞서 우리는 개별 학문과 학제 간 연구에 대한 시도를 반박하면서 **종합이 정치에 속한다**고 말한 바 있다(다시 말해 도시 현실에 관한 모든 분석 데이터의 종합은 철학이나 이념 또는 **전략**에 숨어 있다는 것이다). 이런 관점은 결정을 정치가들의 손에 넘기겠다는 의도의 반영일까? 당연히 아니다. 그들은 숙련된 전문가일 뿐이다. 정치적이라는 말은 이런 좁은 의미로 사용되지 않는다. 앞선 명제는 방금 언급한 것의 반대되는 의미로 이해해야 한다. 종합 능력은 실제로는 사회적 힘(계급, 일부 계급, 계급의 결합과 동맹)인 정치력에 속한다. 그들은 존재하거나 존재하지 않으며, 자신을 드러내고 표현하거나 그렇게 하지 않는다. 그들은 말하거나 말하지 않는다. 사회적 필요를 보여주고, 기존의 제도에 영향을 주고, 지평을 열고, 그들의 작품이 될 미래를 주장하는 것은 그들에게 달렸다. 만약 다양한 범주와 '지층[strates]'에 속한 주민이 '사회 유동성'이라는 명목으로 이리저리 밀려나고, 조종당하고, 이용당하도록 내버려 둔다면, 만약 그들이 과거보다 더 고도화되고 광범위한 착취 조건들을 받아들일 수밖에 없다면, 이는 몹시 유감스러운 일이다. 만약 노동자 계급이 자발적으로 행동하거나 대표자들, 기관 대리인들을 통해서라도 행동하지 않고 침묵한다면, 차별은 계속해서 악순환의 결과를 낳을 것이다(차별은 저항하고, 반론하고, 행동할 수 있는 사람들을 분산시킴으로써 항의, 이의제기, 행동을 금지한다). 이런 관점에서 정치적 삶은 정치적 결정의 중심에 반론을 제기하거나 혹은 공고히 할 것이다. 그리고 정치적 선택은 정당과 인간에 관한 **민주주의 기준**이 될 것이다.

정치인은 주민이 스스로 노선을 정할 때 도움이 될 만한 이론을 갖춰야 한다. 그런데 여기서 또다시 우리는 큰 난관에 부딪힌다. 어떻게 종합 없이, 도시 사회, 도시, **도회지**의 현실과 가능성에 대한 이론을 정립할 수 있을까?

앞서 말한 두 가지 독단적 가설, 즉 철학적 체계화와 단편화된 분석에서 비롯한 체계화('학과'라든가, 소위 '학제 간' 연구로 위장한)는 이미 배제됐다. 바로 열린 틈으로 새로운 길이 생긴다. 이것은 지식의 범주에서 완성되는 통합의 문제는 아니다. 전체적인 윤곽은 오직 실천만이 실현할 수 있는 집중을 통해 정의된다.

a) 가능한 것에서 시작해서 불가능하다고 여기는 것으로 나아가는, 시간적으로 배분된 정치적 행위의 목표. '즉시' 가능한 것을 위해 행동함으로써 오늘 불가능한 것을 내일 가능하게 한다.

b) 도시 현실 분석이 제공한 이론적 요소들, 다시 말해 이 행동이 지배하고, 사용하고, 명령하고, 정치적인 행동을 통해서 작용하는 모든 지식의 집합.

c) 철학이 제공한 이론적 요소들, 그 의미는 현실 상황에서 새롭게 조명되고, 그 역사는 또 다른 관점에서 기록되고, 철학적 성찰은 현실에 따라 또는 의도의 실현에 따라 조율된다.

d) 예술이 제공한 이론적 요소들, 현실을 변화시키고 '경험한' 시간, 공간, 신체와 욕망에 관한 자료를 더 높은 수준으로 **적절하게** 전환하는 능력이 있는 것처럼 인식된다.

이런 집중 작업에 전제 조건을 정의할 수 있다. 이제 산업화와 도시화를 따로 생각하기보다 도시화에서 산업화의 의미, 목표, 목적을 인식하는 과정이 매우 중요하다. 달리 말해서 성장을 위한 경제 성장, 자본주의적 과잉 착취와 잉여 이윤, 국가이익을 위한 (하지만 이것 만으로는 부족한) 경제 통제 같은 전략적 설계를 지지하는 '경제학자식' 이념을 더는 목표로 삼지 말아야 한다. 경제 균형, 조화로운 성장, 구조 유지(생산과 자산의 기존 관계인 구조화된-구조화하는 관계) 개념은 갈등에서 생기는 구체적 합리성이라는, 잠재적으로 강력한 개발 개념에 종속돼야 한다.

다시 말해 성장의 방향을 정하는 것이 중요하다. 민주적(모든 사람의 안녕 또는 '일반 이익'을 위한 성장)이라고 인정되고 널리 알려졌더라도 중앙 정부의 계획이나 경제적 이념으로서의 자유주의 같은 경우 그 의미를 상실한다. 이런 이념은 설령 미래 지향적이라고 해도 검토를 거치고 수정된 '자본-노동' 사이 협력에 관한 내용이 빠졌다면, 임금 인상, 소득의 더 나은 분배 같은 문제에 대한 전망을 축소한다.

성장을 개발로, 즉 **도시 사회**로 향하게 하는 동기는 그런 욕구를 발견하고 조사하는 과정에서 분명해지지만, 무엇보다도 **새로운 욕구**를 예측하는 데 있다. 그것은 현실에서 볼 수 있는 대상처럼 이미 존재하는 것이 아니다. 그것은 시장과 (개별적) 동기에 대한 연구에서 묘사하는 '실제 상황'에 나타나지 않는다. 결과적으로 이것은 경제적 계획을 이론이 거의 정립되지 않은 사회적 계획으로 대체한다는 것을 의미한다. 사회적 욕구는 기존의 이런저런 대상에 만족하지 않고, 사람들이 살아가는 바로 그 공간과 시간에서 사회적 **대상**이 되는 새로운 '상품'을 생산하게 한다. 도시 사회의 인간은 **이미** 욕구가 풍부한 인간이며, 구체화와 실현을 기대하는 욕구가 충만한 인간이다. 도시 사회는 오래되거나 새로운 빈곤을 극복하고, 고립된 주관성의 비참함뿐 아니라 '순수한' 시선, '순수한' 기호, '순수한' 광경 같은 낡은 상징들과 함께 빈곤한 금전적 필요도 초월한다.

따라서 방향은 실질적인 종합을 통해서가 아니라, 그 형태는 드러나 보이지만 **한계**에 이르기까지 실현되지 않는 가상 집중을 통해서만 정의된다. 이 한계라는 것이 무한히 끝이 없는 것은 아니지만, 거기에 도달하려면 지속적인 진화와 도약이 필요하다. 게다가 그곳에 자리 잡고 마치 완결된 현실처럼 만들기는 불가능하다. 이것이 바로 실험적인 자료에서 도출한 가상의 객체를 만드는 행위, 즉 우리가 이미 구상하고 '변환[transduction]'이라고 이름 붙인 단계의 핵심적인 특성이다.

방향성은 자료 연구에 영향을 미친다. 이처럼 방향이 분명히 설정된 연구는 설정이 불분명한 연구(경험주의)나 주장의 단순한 검증(독단주의)과 다르다. 특히, 철학과 철학사, 예술과 그 진화는 이런 방향성의 조명을 받으며 끊임없이 변화하며 나타난다.

도시 현실의 분석은 처음부터 연구를 통해 이미 '무엇'인가를 발견하고, 방향이 가설에 영향을 미치므로 자체적으로 변화한다. 이제는 공간과 시간의 지점을 분리해서 활동이나 기능을 따로 분석한다든가 행동, 이미지, 분포, 관계를 각각 개별적으로 연구하지 않는다. 도시와 도시 사회의 다양한 측면은 설명과 예측의 **관점**과 연관돼 있다. 따라서 이런 방법론은 이 도시 드라마의 구체적 요소들을 포착하는 데, 형태의 일반론에서 유래한 형태적 지표들을 유지하면서도 설명(생태학적인)이나 분석(기능적, 구조적인) 수준을 넘어서려고 한다. 이 이론에 따르면 집합, 동시성, 만남 같은 도시 형태가 있다. 이를 코드화하거나 방법론적으로 뒷받침하는 지적 과정을 '변환'이라고 부른다.

과학적으로 말하면, **전략 변수**와 **전술 변수**는 필수적이다. 둘을 명확히 구분하자면, 후자는 전자에 포함된다. 임금 인상, 소득 분배, 국유화 등 주제는 전술 변수에 속한다. 도시 사회의 미래에 관한 문제와 마찬가지로 규제 철폐에 대한 요구는 건축 부지, 지방 자치, 국가 통제, 사회화 등 분야에서 강력하게 제기된다. 그럴 수 있겠지만, 그 목적은 무엇인가? 성장률과 성장 리듬의 증가는 전략적 변수 중 하나다. 왜냐면 양적 증가는 이미 최종 목적, 개발과 관련된 질적 문제를 제기하기 때문이다. 그것은 단지 생산과 소득의 증가만을 의미하는 것이 아니라 분배에 관한 것이다. 생산 증가와 전체 소득의 증가 중 어느 쪽이 사회적 요구, '문화', 도시 현실에 해당할까? 일상성의 변화가 전략적 변수의 일부를 차지하지 않을까? 그렇게 생각할 수 있다. 예를 들어 일과 시간의 분배(일간, 연간)는 이익과 무관하지 않다. 이것은 단지 사소한 전술 수단일 뿐이다. 아동과 청소년 삶에 관한 새로운 네트워크의 생성(탁아소, 놀이터, 운동장 등), 사회적 삶만이 아니라 성생활 등 여러 가지 삶의 기술에 대한 정보를 제공하는 사회 교육을 위한 간단한 조직 같은 것들이 더 큰 영향을 미친다. 이런 변화는 전술에서 전략으로의 전환을 의미한다.

이처럼 경제학자들이 개발한 계획은 변경되고, 흔히 합리적으로 설명하기 어려운 전략에 의존하기도 한다. 이는 때로 효과적인 과학적 도구를 사용하고, 과학(과학성, 엄격성과 제약의 이념적 도구)을 설득과 강요의 도구로 이용하려는 계급 전략에 맞서 지식에 진정한 위치를 찾아주는 문제이기도 하다.

사회주의? 물론, 사회주의와 관계 있다. 그런데 어떤 사회주의를 말하는 것인가? 사회주의 사회의 어떤 개념과 이론에 따른 것인가? 계획된 생산 조직을 따르는 사회는 정의로운가? 아니다. 생산과 관련해서 오늘날 사회주의를 단지 사회적 요구와 그에 따른 도시 사회의 요구를 반영한 이념으로 생각할 수 있다. 우리는 이미 과거 산업화의 목표를 달성했고, 이제 목표 자체를 수정하는 중이다. 여기서 만들어진 것이 바로 논거 혹은 전략적 가설이다. 그렇다면 전제 조건은 무엇인가? 우리는 그것을 알고 있다. 그것은 높은 수준의 생산성(점차 감소하는 생산성 높은 육체노동자와 지식노동자에 대한 강화된 착취를 근절함으로써), 높은 기술과 문화 수준이다. 거기에 더해 결정의 '주체'와 '대상', 특히 통치자와 피통치자의 새로운 사회적 관계가 있다. 이런 조건들은 주요 선진국에서 이미 실현됐다. 처음에는 이것이 불가능할 것 같고, 실제로 비현실적으로 보인다고 해도, 변화는 **가능성**에서 비롯하지 않는다.

가능성은 **과학적**(계획과 투영, 계획의 수정, 예측)이고 **가상**(그 극단적인 경우가 공상과학 소설)**의** 이중 실험과 관련있다. 왜 상상은 현실을 풍요롭게 하지 않고, 현실 밖에서만 가능할까? 상상 속에서, 상상 때문에 이성적 사고가 작동하지 않을 때 상상이 조작되기 때문이다. 상상도 사회적 사실이다. 하지만 전문가들이 '종합적 인간'에게 갈채를 보낼 때, '정보종합주의자'[6]나 '모든 분야의 지식을 갖춘 사람'을 환영할 때 상상력과 상상의 개입을 요구하지 않던가?

산업은 두 세기 동안 상품의 가치를 크게 활성화했다(과거에는 농업구조와 도시구조 때문에 **제한적**이었다). 그 과정에서 교

---

6. nexialist: A.E. 밴보트의 SF 소설 『스페이스 비글호의 항해(*The Voyage of the Space Beagle*)』에 언급된 여러 분야 사이의 연계를 위해 만들어진 응용 학문. 역주.

환가치의 무제한 확장이 허용됐다. 상품은 사람들이 서로 관계 맺게 하는 방법뿐 아니라 논리, 언어, 세계와 관계 맺는 방법까지도 보여줬다. 상품은 장애가 되는 장벽마저도 무너뜨렸다(이 과정은 끝나지 않았다. 현재 상품 세계에서 자동차 같은 상품은 도시라는 최종 장벽마저 무너뜨렸다). 그렇게 '정치적' 경제의 시대가 왔고, '자유경제주의'와 '계획경제주의'라는 두 가지 변종 이념을 통해 통치가 이뤄졌다. 그러나 오늘날 경제주의의 극복은 구체화되고 있다. 어떻게 그것이 가능할까? 윤리나 미학, 도덕주의나 탐미주의를 통해서 가능해질까? 새로운 '가치'를 지향함으로써 극복할 수 있을까? 그렇지 않다. 실천 속에서, 실천을 통해서 단순한 사회 변화를 넘어 수 세기 동안 교환가치에 종속됐던 사용가치가 우선 순위를 차지하게 해야 한다. 어떻게? 도시 사회를 통해서, 그리고 거기서 사용가치 이미지를 보존하고 저항하는 이 현실, 바로 도시를 통해서 시작해야 한다. 도시의 현실은 투기꾼, 자본주의 부동산 업자, 기술자의 계획을 위한 것이 아니라 '사용자'를 위한 것이어야 하며, 비록 약해졌지만, 이것이 공정한 진실이다.

　여기서 일종의 전략적 변수를 고려할 수 있다. 국가 경제에서 자동차 산업의 중요성을 상대화하고, 일상생활에서, 교통에서, 교통수단에서 '자동차'라는 사물의 영향력을 재고하는 것이다. 자동차를 다른 기술, 다른 사물, 다른 교통수단(예를 들어 공공 교통수단)으로 대체할 가능성을 모색하는 것이다. 이것이 '실제'의 종속에 대항하는 다소 단순하고 사소하지만, 설득력 있는 사례이다.

여가 활동에 관해서는 전략적으로 더 명확하게 생각해야 한다. 이 문제를 전면적으로 정의하려면, 우선 이념과 결부된 몇 가지 환상을 파괴해야 한다. 이념, 광고로 과장된 사회적 상상력과 '취미', 위축된 '창의력'의 슬픈 현실이 지평을 가로막는다. 휴가 여행, 산업화된 문화적 생산, 일상에서의 여가활동이나, 일상 밖에서의 여가활동 같은 방식으로는 문제를 해결하지 못한다. 그런 이미지들은 문제 제기 자체를 방해한다. 문제는 '일상성-여가' 또는 '일상성-축제' 같은 구분을 없애는 데 있다. 일상을 변화시켜서 축제를 되찾아야 한다. 도시는 생산, 작품, 축제가 공존하던 공간이었다. 변질된 도시 사회에서 이 기능을 되찾아야 한다. 이처럼 전략적 목표 중 하나가 정해지는데, 오늘날 도시에서는 우아함도 장엄함도 없이 행사(축하 행사나 축하 공연으로 서투르게 축제를 재현)가 벌어질 뿐이다.

각 사회의 생산 양식에는 그 도시의 유형이 반영된다. 생산

양식의 (상대적) 불연속성에는 도시 현실의 역사가 반영된다. 물론 이런 관점은 절대적이지 않고, 다른 방식으로 시대를 구분할 수도 있다. 특히, 도시 유형의 연속성을 더 자세히 보여주는 방식이나 초기의 시대 구분과 완전히 일치하지 않는 방식도 있다. 그래도 각각의 도시 유형은 특정한 **중심성**을 고안하고 실현했다.

아시아 생산 방식의 이유와 결과로 동양의 도시는 만남과 집합을 위해 개선로(凱旋路)를 건설했다. 군대는 도시가 관리하는 농지를 보호하거나 통제하고자 이 길로 떠나고 돌아왔다. 개선로에서는 군대 행진과 종교 행렬을 볼 수 있었다. 출발점이자 도착점인 세계의 중심[옴파로스][7]은 왕의 궁전 안에 있었다. 성벽 안에서는 영토 전체에 퍼져 있는 신성함을 모두 끌어모아 힘을 더했다. 그것은 불가분의 관계에 있는 소유와 신성화, 즉 지배자가 독점한 최고 권력의 성격을 보여준다. 개선로는 기념물 중의 기념물인 문을 통해 성의 내부로 들어간다. 문은 진정한 도시의 중심이자 군중에게는 열리지 않는 세계의 중심이다. 문의 주변에 경비병, 유랑 상인, 방랑자, 도둑이 모여든다. 거기에 도시 법원이 자리를 잡고, 거주민들은 자발적으

---

7. ὀμφαλός: 고대의 종교적인 돌 유물 또는 예배 장소이며, 그리스어로 배꼽을 뜻한다. 역주.

로 모여 집회한다. 이곳은 질서와 무질서, 반란과 억압의 장소이다.

그리스와 로마의 고대 도시에서 중심성은 아고라와 포럼 같은 공간과 연관돼 있었다. 이것은 만남을 위해 준비된 장소이자 광장이었다. 아고라와 포럼 사이에는 중요한 차이점이 있다. 후자는 '금지'로 특징지어진다는 점이다. 건물이 들어서 곧 그 공간을 메워버리고, 열린 장소로서의 성격을 빼앗는다. 그 곳은 신성하고 저주받은 구멍('세계, mundus')이자 영혼이 빠져나오는 장소, 넘치는 죄인들과 아이들이 던져지는 세상의 중심에서 분리되지 않았다. 그리스인들은 공포나 도시의 중심성, 죽음과 영혼이 갇힌 지하세계의 관계를 강조하지 않았다. 도시에 대한 그들의 생각은 세계, 통로, 암흑의 복도, 지하 세계에서의 방황보다는 우주[Cosmos], 빛나는 공간의 분포와 연결돼 있었다. 서양에서는 그리스보다 로마의 영향을 받아 빛보다 그림자에 무게가 실린다.

중세 도시는 상인과 상품을 신속하게 집합시키고, 도시 중심부에 정착시켰다. 상업의 중심인 장터는 한편으로는 교회와 이웃하고, 다른 한편으로는 성벽으로 인한 배제(영토의 헤테로토피아)와 마주했다. 성벽의 상징과 기능은 동양의 도시나 고대 도시 분석에서 밝힌 내용과 다르다. 대지는 영주, 농민, 방랑자, 약탈자에게 속한다. 도시 중심성은 제품과 인간을 불러들인다. 그것은 경제활동이 되고, 자본주의(즉 경제학과 교환가치가 우세한 생산방식)를 준비하고 선포하는 도시의 본질적 기능을 위협하는 것들의 접근을 금지한다. 이처럼 기능화되고 구조화된 중심성은 매우 중요한 보존 대상이 된다. 그리고 장식한다. 가장 작은 마을, 가장 작은 '성곽 도시'에도 아케이드, 기념 홀, 사치스럽게 장식한 관공서, 유흥 공간이 있다. 교회는 사업을 축복하고, 바쁜 도시 거주자들을 위해 간단하게 양심의 가책을 덜어준다. 교회와 시장 사이 광장에서는 종교적이고 합리적(상업적 합리성 내에서)이라는 이중 성격을 띠는 집회가 열린다. 이 두 가지 성격이 어떻게 충돌하고, 결합하고, 대립하는지는 또 다른 이야기이다.

자본주의 도시는 소비 중심을 만들었다. 산업 생산은 특권적인 경우를 제외하고는 그 주변에 노동자 도시를 건설한 주요 기업 자체로 중심성을 구성하지 않는다. 우리는 이미 자본주의 중심성, 소비의 장소와 장소의 소비라는 이중적 특징을 잘 알고 있다. 상점들은 도시 중심부에 밀집해서 특별한 전문점과 사치품과 고급 식자재 같은 것들로 소비자를 유혹한다.

이런 중심성은 역사적으로 적절하게 조성된 구도심(舊都心)에 자리 잡는다. 소비자는 이런 특권적 장소에서 상품만이 아니라 공간도 역시 소비하러 찾아온다. 상점, 쇼윈도, 선반에 전시된 상품은 사람들을 모으는 이유와 계기가 된다. 그들은 보고, 관찰하고, 말하고, 대화한다. 그리고 이것은 상품 구매로 시작되는 만남의 장이 된다. 말하고 쓰는 것은 무엇보다도 상품의 세계, 상품의 언어, 지명도, 그리고 교환가치의 확장이다. 이것은 사용가치를 교환과 교환가치에 서서히 흡수하려는 경향이 있다. 하지만 사용과 사용가치는 이런 경향에 단호하고 완강하게 저항한다. 이처럼 도시 중심부의 비타협성은 논쟁에서 필수적인 역할을 한다.

신자본주의는 소비의 중심(부정하지도 파괴하지도 않고)과 결정의 중심을 한데 결합한다. 그리고 이제 사람이나 상품이 아니라 정보와 지식을 수집해서 동시적 형태로 관리하고 보존한다. (전자)두뇌를 관리하는 통일성은 거의 즉각적으로 의사소통을 지배하고, 장애(정보 손실, 자료의 무질서한 축적, 중복 등)에 대처한다. 이런 기제의 목적은 이타적일까? 분명히 그렇지 않다. 특정한 중심성을 형성하는 사람들은 권력 지향자이거나 그의 하수인이다. 따라서 문제는 정치적으로 발생한다. 이제 더는 단순히 일반적인 '기술 습득'의 문제가 아니라, 사회 정치적 의미를 내포한, 잘 정의된 기술의 문제가 된다. 그것은 잠재적인 주인들, 즉 권력을 이용해서 모든 가능성을 독점하려는 사람들에 관한 문제이다.

왜 이런 논란이 재개되고, 새로운 결론을 찾으려는 걸까? 새로운 중심성을 제시하고 정당화하려는 것이다. 이제 도시 사회는 과거의 중심성을 파괴하지 않고 개선해서 사용하자는 해결책에 만족하지 못한다. 무엇을 반영할 것인가? 문화 중심에는 뭔가 공허한 면이 있다. 쉽게 조직하고, 제도화하고, 관료화할 수 있다. 하지만 문화 관료보다 더 큰 조롱거리는 없을 것이다. 교육은 매력적이지만, 유혹적이지도, 매혹적이지도 않다. 교육적인 것은 관심을 끌지만, 유혹하지도 매혹하지도 못한다. 교육은 사회적 중심성이 아니라 국지적 실행을 포함한다. 게다가 '하나만의' 또는 '고유한' 문화가 있음을 증명하지 못한다. '문화[culture]'의 실체와 그 이념인 '문화주의[culturalisme]'의 실체에 종속돼, 연극이라는 가장 위대한 유희는 지루해질 가능성이 크다. '문화'의 상위 단위 요소, 그 단면과 양상, 교육, 양성, 정보 같은 것들을 한데 모을 수 있다. 하지만 그 모임의 원칙과 내용을 어디서 찾을 것인가? 그것은 바로 유희성[ludique]이다. 여기서 이 표현은 가장 넓고 '깊은' 의미로 이해해야 한다. 스포츠는 유희이다. 영화보다 더 적극적이고 참여적 형태인 연극도 마찬가지다. 어린이나 청소년을 위한 놀이와 게임도 무시해서는 안 된다. 모든 박람회, 집단 놀이는 계획된 소비 사회의 틈새에서 구조화하고 체계화하기를 원하고, 기술 지배적인 것처럼 위장하는 진지한 사회의 공백에서 살아남는다. 오래된 모임 장소들은 대부분 사라졌거나 도시 주변으로 밀려나 '축제'는 의미를 잃어버렸다. 그 의미를 되찾는다고 해서 유희의 발명에 핵심적으로 연결된 새로운 축제에 적합한 지점들을 만들어내지 못할 이유가 없다.

소위 '소비사회'가 대략 이런 방향으로 나아가고 있다는 사실은 의심할 여지가 없다. 레저 센터, 레저 회사, 사치와 쾌락의 도시, 휴양지 등은 (광고에서 읽을 수 있는 특정한 수사법을 통해) 이를 설득력 있게 보여준다. 결국, 이런 현상은 이 사회의 문화와 여가의 산업적·상업적 생산에 종속된 경향에 형태를 부여하는 문제일 뿐이다. 놀이를 문화와 과학의 '진지함'에 종속시키는 것이 아니라, 모든 요소를 모아서 놀이에 따르게 하려는 의도와 계획이 수립된다. 이런 집합은 '문화' 요소를 배제하지 않는다. 오히려 그 반대이다. 그것들을 진실한 상태로 복원함으로써 한데 모은다는 것이다. 놀이가 사회에서 위상과 가치를 상실해가면서 극장이 뒤늦게 여러 제도를 통해 '문화적' 장소가 됐다. 문화는 작품과 양식을 교환가치에 따르게 하려는 미봉책이 아닐까? 이런 의도는 이 특정한 제품의 생산과 소비를 통해 상업화를 가능케 한다.

유희의 중심성에는 함축적 의미가 있다. 그것은 예술과 철학이 낳은 작품의 의미를 회복하는 것 – 시간이 공간에 기록되는 현상을 고려하지 않고, 공간보다 시간의 우위를 인정하는 것 – 지배보다 전유[appropriation]를 우선시한다는 뜻이다.

유희의 공간은 교류와 순환의 공간, 정치 공간, 문화 공간과 공존해왔다. 그러나 도시계획은 오로지 계산과 회계로 평가하고 정량화한 '사회적 공간'에서 이런 고유하고 특별한 공간들을 상실했고, 엄격함과 과학성, 합리성의 베일이 가려버린 정신분열증적 지배를 받고 있다. 우리는 대비도 없이 총체적인 것이 되고자 했던 과거의 유사한 계획에서 분석적 사고의 불가피한 결말을 확인한 바 있다. 이처럼 또다시 제기된 총체성은 형식화된 사회병리학적 공간이라고 할 수 있다. 주거 개념부터 사회 모델로 제시된 정신분열증적 공간에 이르기까지 연속적인 과정이 존재한다. 지금 여기서 설정하려는 방향은 이미 형성되고 확립된 역사적 차이와 가치가 있는 공간을 없애는 것이 아니다. 오히려 그 반대이다. 이 복잡한 공간들은 차이와 대비를 부각하고, 수적인 요소에 주목하고, 엄격한 질적 수준을 요구하면서 유기적으로 구성될 수 있다. 이런 공간에 차이와 구분, 대비의 중첩 같은 정해진 원칙들을 적용할 수 있다. 실제로 사회적 공간은 전면에 드러나는 사회적 시간과 리듬에 연결돼 있다. 우리는 도시 현실에서 일어나는 여러 사건이 어떻게, 그리고 어디까지 일정한 기간에 어떤 경로를 그리며 전개되는지 잘 이해한다. 이 도시적 시간의 진실은 명확하게 그 역할을 재개한다. '거주[habiter]'에는 '주거[habitat]' 이상의 위상이 있다. 사회적 지위가 높아진 대상의 가치는 **유희적인 것**으로 표현되고, 그렇게 나타난다. 유희(jeu)를 주제로 **말장난**을 하자면, 사용과 교환을 결합함으로써 그 둘을 초월하는 **유희**는 지고의 가치로서 더없이 중대하고 진지한 것으로 자리 매김한다는 점에서 사회적 총체-가소성[plasticité]-의 구성 요소 사이에 **유격**(jeu, 裕隔)이 있다고 말할 수 있을 것이다. 그리고 누군가 이 유토피아가 사회주의와 아무 상관없다고 외친다면, 우리는 그에게 오늘날 노동자 계급만이 경제주의나 정치 철학의 요구와 계획을 넘어서 실제로 놀 줄 알고, 놀기를 원한다고 대답할 것이다. 무엇이 이 대답의 타당성을 입증할 수 있을까? 스포츠, 운동 경기가 촉발하는 열광, 유희적 삶의 타락한 형태를 포함한 다양한 게임, 텔레비전[8]이 말해준다. 도심은 도시인들에게 변화, 예상치 못한 것, 가능성, 만남을 제공한다. 바로 이것이 '즉흥극'이 아니겠는가.

　미래 도시를 예상하는 데 성공했다면, 현재 상황의 반전을 상상함으로써 세계가 거꾸로 뒤집힌 상태를 한계까지 밀어붙임으로써 그것을 잘 정의할 수 있을 것이다. 우리는 기존의 힘이 보여주는 고정적인 구조, '균형잡힌 구조'라고 부르는 것의 영속성, 체계화에 따른 안정성을 확립하려고 노력한다. 그러나 이와 동시에 아이러니하게도 '지속 가능하다'고 믿는 것들, 의류 (도덕적 소모와 유행이 사라지게 하는), 가구, 자동차 등 소비재의 가속화된 노후화와 급속한 소멸을 전략적으로 기대한다. 이상적인 도시는 주거, 토지, 장소의 가속화한 노후화를 포함한다. 그것은 이 **한시적인 도시**에 의해, 그 도시를 위해 스스로 모여드는 거주민의 영원한 작품이다. 시간은 가장 먼저 거기에 다시 자리를 차지한다. 기술이 유희의 정점이자 최고의 사치품, 작품인 한시적 도시를 존재하게 한다는 사실은 의심할

---

8. 오늘날의 SNS, 영상, 이미지 등. 역주.

여지가 없다. 무엇이 그 증거를 보여줄까? 예를 들어 1967년 몬트리올의 세계 박람회[9] 같은 사례를 들 수 있다.

예술을 도시에 활용한다는 것은 예술품으로 도시 공간을 아름답게 장식한다는 의미가 아니다. 가능성의 패러디인 예술은 스스로 자신을 풍자적으로 비판한다. 이것은 시공간이 예술 작품이 되고, 과거의 예술을 공간적·시간적 **전유**의 근원이자 모델로 간주할 수 있다는 뜻이다. 예술은 공간에 새겨진 일시적 가치처럼 상투적인 주제의 경우와 사례를 환기한다. 음악은 어떻게 표현이 수를 포착하고, 어떻게 순서와 계측이 서정성을 활용하는지 보여준다. 그것은 비극적이거나 유쾌한 시간이 계산을 흡수하고 흡수될 수 있음을 보여준다. 음악보다 힘은 약해도 더 정확한 조각이나 그림도 마찬가지다. 정원, 공원, 풍경은 미술만큼이나 도시 생활의 일부라는 사실을 잊지 말아야 한다. 그리고 도시 주변 풍경도 도시의 작품이고, 예를 들어 피렌체 주변 토스카나 인근 지방 풍경은 건축과 분리할 수 없고, 고전 예술에서 막대한 역할을 했다. 표현기법이나 불필요한 장식같은 것을 배제함으로써, 예술은 사회적 척도에서

---

9. '엑스포 67'로 알려진 1967년 국제 및 만국 박람회. 20세기의 가장 성공적인 세계 박람회 중 하나로 당시까지 가장 많은 참가자와 62개국이 참가했다. 건축적으로도 가장 혁신적이라고 할 만한 형태와 새로운 기술이 총동원됐다. 역주.

실천 행위[praxis]이자 제작 행위[poiesis]가 될 수 있다.[10] 즉 도시에 사는 방식이 작품이 될 수 있다. 예술은 양식과 작품으로 돌아가면서, 다시 말해 기념물과 축제에 적합한 공간의 의미로 돌아가면서, '매혹의 구조'를 준비할 수 있다. 단지 건축만을 따로 떼어서 생각한다면, 건축이 가능성을 제한하지도, 가능성을 열어주지도 못한다. 더 많은, 더 나은, 또 다른 것이 필요하다. 건축도 예술과 기술로서 방향이 필요하다. 필요하지만, 건축가가 목표와 전략을 정하는 것만으로는 충분치 않다. 다시 말해 예술의 미래는 예술적이 아니라 도시적이라는 것이다. 왜냐면 '인간'의 미래는 우주나 인간 사이나 생산이 아니라 도시 사회에 있기 때문이다. 철학도 예술과 마찬가지로 이런 관점에서 재고될 수 있으며 재고돼야 한다. **도회지** 문제는 철학의 범주와 방식을 새롭게 정의하기를 요구한다. 파괴하거나 거부할 필요 없이 뭔가 다르고 새로운 의미를 **부여해야** 한다.

　도시에 대한 권리는 더 높은 형태의 권리, 즉 자유에 대한 권리, 사회화 속의 개인화의 권리, 주거와 거주의 권리와 함께

---

10. 아리스토텔레스는 그의 저서 『형이상학』에서 에피스테메(episteme)를 테오리아(theoria), 프락시스(praxis), 포이에시스(poiesis)로 구분한다. 프락시스는 인간이 의식적으로 환경에 작용해 이를 바꾸려는 활동이고, 포이에시스는 이전에 존재하지 않았던 어떤 것을 가져오는 활동을 의미한다. 역주.

나타난다. **작품**에 대한 권리(참여 활동에 대한 권리)와 **전유**에 대한(소유에 대한 권리와 매우 다른) 권리는 도시에 대한 권리에 함축돼 있다.

철학에 관해서는 세 기간을 구분할 수 있다. 그리고 이것은 바로 변화의 연속체[continuum]를 표시하는 수단 중에서도 특징적인 시기 구분이다. 첫 번째 기간에 철학은 우주와 세계, 전체성의 한가운데서 전체로서의(부분으로서의) 도시에 관해 성찰한다. 두 번째 기간에는 역사, '인간', 사회, 국가와 같이 도시를 초월하는 전체성과 대면한다. 철학은 전체성을 명목으로 여러 분리를 인정하고 심지어 확정한다. 아울러 분석적 이해를 부정하거나 극복한다고 믿으면서 오히려 이를 공인하기까지 한다.세 번째 기간에 철학은 도시적 합리성과 도시계획의 실천을 통해 합리성과 실천의 향상을 지향한다.

제14장

철학의 실현

결론까지 이어진 이 연구의 주요 주제를 다시 살펴보자. 지식은 궁지에 몰렸다. 전체성에 이르고자 했던 철학은 비껴 지나갔을 뿐, 그것을 포착하지도 못했고, 의도를 실현하지도 못했다. 체계적이거나 성찰적이거나 관조적인 표현만을 나열하며 그 나름의 방식으로 전체성을 왜곡했을 뿐이다. 그래도 오직 철학자만이 전체에 대한 감각을 갖추고 있다. 부분적, 단편적 지식은 진실과 확신에 도달하는 길인 듯하지만, 실제로는 불완전한 사실만을 전할 뿐이다. 단편적 지식들은 종합 없이 온전한 전체성에 이를 수 없지만, 종합에 대한 권리를 정당화하지도 못한다.

애초에 그리스 철학은 고대 그리스 도시와 연결돼 있었고, 거기에는 노예제나 국가에 대한 개인의 종속처럼 도시의 위대함과 비참함, 한계가 있었다. 이천 년 뒤에 헤겔은 국가 안에서,

국가를 통해서 여러 세기에 걸친 성찰과 숙고를 통해 드러난 철학적 합리성의 실현을 선언했다.

철학은 어떻게 궁지에서 벗어날 수 있을까? 이런 모순을 해결하는 방법이 무엇일까?

산업 생산은 행동하고 창조하며 물질의 본질을 이해하는 사회적 능력 개념에 혼란을 불러왔다. 철학은 인간, 인류, 사회, 세계를 정의하고, 노력, 노동, 의지, 그리고 결정론과 우연성을 거부하는 투쟁을 통한 인간의 창조를 지지하는 전통적인 사명도 철학자들의 소명도 유지할 수 없었다. 과학과 이학, 기술, 조직과 산업의 합리화가 새롭게 대두했다. 그렇게 이천 년 철학은 무덤으로 들어갔을까? 아니다. 산업은 새로운 도구를 가져왔지만, 그 자체로는 목적도 의미도 없다. 산업은 세계를 **제품**으로 채우지만, 철학은 물질적 특성, 제품 생산자, 교환가치를 위한 기술 숙달이 아니라 (예술과 예술작품과 더불어) 탁월한 작품, **전유 대상**을 지향한다. 따라서 철학자가 산업 생산의 **의미를 밝혀야 한다.** 다만 추측하거나 낡은 철학적 방식의 연장선상에 있는 주제처럼 다뤄서는 안 된다. 그보다는 **철학을 실현하는 수단**, 다시 말해 욕망과 이성, 동시성과 성찰, 생명력과 형태화, 지배와 전유, 결정론과 자유처럼 세상에 존재하는 인간의 **철학적 계획**을 실현하는 수단처럼 다뤄야 한다. 예술이 (시간과 공간의 전유 모델의) 사회적 실천에서 실현되지 않고는, 기술과 과학이 도구로서 활용되지 않고는, 철학이 그 대상으로 '프롤레타리아'라는 사회적 신분의 한계를 뛰어넘지 않고는 온전히 그 자체로 실현될 수 없다.

마르크스가 시작한 이 이론적 혁명은 이후에 흐지부지됐고, 산업 생산, 경제 성장, 조직 합리성, 제품 소비는 상부 구조의 목적을 실현하는 수단이 아니라 목적 자체가 됐다. 그러나 오늘날 **철학의 실현**은 그 의미를 되찾을 수 있다. 다시 말해 현실 문제처럼 역사에 의미를 부여하는 것이다. 한 세기 동안 끊어진 상태로 있던 실을 다시 잇는 것이다. 이론적 상황이 해소되고, 전체와 부분 혹은 단편 사이, 불확실한 전체와 지나치게 명백한 파편들 사이의 심연도 메워진다. 도시 사회가 산업화의 의미를 규명하는 순간부터 이런 개념이 새로운 역할을 맡게 된다. 이론 혁명도 계속되고 도시 혁명(도시 개혁과 도시 전략의 혁명적인 면)이 전면에 등장한다. 이론적 혁명과 정치적 변혁은 함께 진행된다.

이론적 사고는 저생산 사회(풍족하지 않은 시대 혹은 풍요 불가능의 시대)나 생산주의 사회의 인류와 다른 인류의 실현을 목표로 한다. 희소성과 경제주의라는 낡은 한계에서 해방된 사회와 도시 생활에서 기술, 예술, 지식은 일상성으로 전파돼 일상성 자체를 변화시킨다. 이렇게 철학의 실현이 어떤 것인지 새롭게 정의된다. 이제 더는 도시 철학의 문제도 아니고, 도시 과학과 가까운 역사-사회 철학의 문제도 아니다. 철학의 실현은 사회적 현실에 대한 과학에 의미를 부여한다. 아울러 그렇게 제시된 가설과 논제에 반대하며 불시에 등장할 '사회학 만능주의[sociologisme]'의 비난에 대해서도 사전에 반박한다. 철학 만능주의도, 과학 만능주의도, 실용주의도 아니다. 사회학 만능주의도, 심리주의도, 경제주의도 아니며, 역사법칙 중심주의도 아니다. 이는 또 다른 어떤 것의 선언이다.

제15장

도시와 도회지와 도시계획에 관한 주장

1. 지금까지 두 부류의 질문이 도시와 도시 사회 문제, 긴급한 두 가지 주제, 즉 주택과 '주거' 문제(주거 정책과 건축 기술에 관련된), 산업 조직과 총체적 도시계획 문제를 가려왔다. 첫 번째는 아래서부터, 두 번째는 위에서 시작된 사회의 도시화가 계속되는 동안에 그 문제에 관심이 쏠리지 않도록 숨기면서 전통적 도시 형태의 폭발을 일으켰다. 그렇게 새로운 모순에 기존 사회의 해결되지 않은 모순들이 더해지면서, 문제가 심각해졌고, 거기에 또 다른 의미를 부여했다.

2. 이 두 부류의 문제는 경제 성장과 산업 생산에 의해 꾸준히 제기돼왔다. 우리는 실제 경험을 통해 사회적 발전 없이도 경제적으로 성장할 수 있음을 알게 됐다(질적 발전 없는 양적 성장). 이런 상황에서 사회의 변화는 실제보다 더 분명하다. 페티

시즘[1]과 변화 이념(근대성 이념)은 본질적인 사회적 관계의 퇴화를 감춘다. 사회 발전은 도시 사회의 실현을 통해서, 도시적 삶을 통해서만 이해할 수 있다.

3. 만약 도시 사회를 목표이자 최종 목적으로 간주하지 않는다면, 만약 도시적 삶을 산업 성장에 종속시킨다면, 산업화와 도시화의 이중 과정은 모든 의미를 상실한다. 이것은 도시 사회의 조건과 수단을 제공한다. 산업적 합리성을 '필요충분한 것'으로 선포한다면, 당연히 과정의 의미(방향, 목표)는 파괴된다. 산업화는 도시화를 부정적으로 평가한다(전통적 도시와 그 형태, 그 실용적·구체적 현실의 해체). 이제 우리가 나설 차례이다. 도시 사회는 고대 도시의 폐허와 농업 환경에서 시작됐다. 그리고 이 변화의 과정에서 산업화와 도시화의 관계도 변화했다. 이제 도시는 제품과 생산의 수동적인 장소나 수단이 아니다. 그런 도시 현실의 혼란에서 살아남고 강화되는 것은 의사결정 권한을 장악한 자들이 독점한 **생산 수단과 사회적 사업의 착취를 위한 장치가 돼버린 의사 결정의 중심**이다. 그렇게 단 하나의 이론만이 현실적인 자료를 사용하고, 실제로

---

1. fetishism: 흔히 문화인류학에서 사용하는 용어로 추상적인 가치보다 즉물적인 대상에 집착하는 경향을 의미한다. 역주.

도시 사회를 실현하게 했다.

4. 이런 도시 사회 실현에는 기업의 조직도 전체적인 도시 계획도 필요하지만, 그것만으로 충분하지는 않다. 합리성의 급속한 발달이 이뤄진다. 하지만 국가도 기업도 필수불가결한 현실이나 합리성의 모델을 제시하지는 못한다.

5. 도시 사회의 실현은 도시 사회와 사회적 요구를 지향하는 계획을 촉구한다. 거기에는 도시 과학(도시적 삶에서 작동하는 관계와 상관관계)이 필요하다. 필요하지만, 충분하지는 않다. 이런 수단(단지 수단일 뿐인 것)을 사용하는 사회적·정치적 힘이 필수적이다.

6. 노동자들은 과거의 노동 형태가 해체되면서 그 결과의 영향을 받았다. 그들은 이 변화로 가능해진 계급 전략, 차별의 희생자이다. 이것이 프롤레타리아의 부정적 상황의 현재 모습이다. 그러나 선진국에서는 낡은 방식의 프롤레타리아 빈곤이 완화되고 사라지는 경향을 보인다. 다른 계층이나 사회 계급이라고 크게 다르지 않지만, 주로 프롤레타리아에게 영향을 미치는 주거 빈곤, 계획된 일상(집권층이 계획한 소비)에 종속된 주민의 가난 같은, 새로운 형태의 빈곤이 확산한다. 자신의 계급적 존재를 여전히 의심하는 사람들에게 차별과 자기 '거주'

의 비참함이 노동자 계급의 현장에서 드러난다.

7. 어려운 상황에서 완전히 반대할 수는 없지만, 흔히 시민 계급의 진로를 가로막는 이 사회 중심에서 문명을 새롭게 정의하는(문명 **안에서** 그러나 흔히 사회에 **반해서**, 문명에 **의해서** 그러나 흔히 문화에 **반해서**) 권리의 길을 새롭게 개척해야 한다. 인정받지 못한 이런 권리는 법제화되기 이전에 점차 관행이 된다. 일할 권리, 교육받을 권리, 건강, 주거, 여가, 생활의 권리가 사회적으로 실천된다면 현실을 바꿀 것이다. 이렇듯 형성되는 권리 중에 바로 **도시에 대한 권리**가 있다(고대에 존재했던 도시에 대한 권리가 아니라 도시적 삶에 대한 권리, 갱신된 중심성에 대한 권리, 만남과 교류의 장소에 대한 권리, 이런 시간과 장소를 온전히 **사용**하는 삶의 리듬과 일정에 대한 권리 등). 사용(교환가치를 배제한 교환과 만남)이 주도하는 도시적 삶의 선포와 실현에는 경제(교환가치, 시장과 상품)에 대한 이해가 필요하고, 결과적으로 노동자 계급이 주도하는 혁명에 대한 준비가 포함된다.

8. 중심에서 외곽으로 쫓겨나고, 도시 소유권을 빼앗기고, 자기 활동의 최선의 결과를 도둑맞은 노동자들에게 이 권리는 특별한 의미가 있다. 이 권리는 그들에게 수단이자 목표, 과정이자 한계이다. 그런데 노동자 계급의 잠재적 행동은 또한 문

명의 일반적인 이익과 '거주'하는 모든 사회계층의 특별한 이익을 대변하기도 한다. 그들에게 소속과 참여는 강박이 되지만, 이 강박을 효과적인 것이 되게 하지는 못한다.

9. 산업 생산을 활동 영역이자 지렛대로 삼아 사회의 혁명적인 변화가 일어났다. 그 때문에 도시의 의사 결정 중심이(오늘날의 사회에서 신자본주의 또는 국가와 연계된 독점 자본주의 안에서) 생산, 소유, 관리 수단 외에 다른 것은 고려하지 않는다는 사실에 주목할 필요가 있었다. 오직 노동자 계급과 그들의 정치적 대리인들이 도시계획을 책임져야만 사회적 삶을 근본적으로 개선하고, 신 자본주의 국가에서 제2기 사회주의 시대를 열 수 있다. 그때까지 변화는 기호와 기호의 소비, 언어와 메타언어(2급 담화, 이전 담화에 대한 담화) 수준에 피상적으로 머물러 있다. 따라서 우리는 도시 혁명을 신중하게 말해야 한다. 그런데도 사회적 요구를 산업 생산으로 대체하려는 경향은 사소한 문제가 아니다. 이처럼 도시계획에 편승한 최종 목적이 모든 것을 변화시킨다. 그렇게 도시개혁은 혁명적인 영향을 미친다. 20세기에 서서히 지평선 너머로 사라지는 농업의 개혁과 마찬가지로, 도시의 개혁은 혁명적인 과제이다. 그것은 오늘날 지배 계급의 전략에 대립하는 전략의 필요성을 말해준다.

10. 프롤레타리아만이 도시 사회의 실현에서 사회적·정치적 활동에 헌신할 수 있다. 또한, 그들만이 소비 이념을 파괴함으로써 생산적이고 창조적인 활동의 의미를 새롭게 정의할 수 있다. 따라서 그들만이 이제 그 여정이 끝나가는 낡은 자유주의적 인본주의와 다른 새로운 인본주의를 생산할 능력을 갖추고 있다. 그것은 과학, 예술, 기술, 물질적 본질에 대한 모든 지배 수단을 이용함으로써, 그것에 의해 그리고 그것으로 인해 도시와 도시에서의 일상이 작품, **전유**, 사용가치(교환가치가 아니라)가 되는 **도시적 인간**의 인본주의이다.

11. 그러나 **제품**과 **작품**의 차이는 여전히 남아 있다. 제품 생산의 의미(물질적 특성에 대한 과학적이고 기술적인 이해)에 추후 지배적인 것이 될 **작품**과 **전유**(시간, 공간, 신체, 욕망의)의 의미를 추가해야 한다. 이것은 이미 시작된 도시 사회에, 그리고 도시 사회에 의해 적용된다. 그러나 노동자 계급에게 자동으로 작품의 감각이 생기지는 않는다. 그런 감각은 이미 희미해졌고, 장인 정신과 직업, '품질'과 함께 거의 사라졌다. 이 귀중한 자산, 작품의 의미는 어디서 찾을 수 있을까? 노동자 계급을 생산적 지능과 실질적인 변증법적 이성과 결합해서 더 높은 수준으로 끌어올리려면 어디서 그것을 찾을 수 있을까? 한편

으로는 철학과 철학 전통 전체, 그리고 다른 한편으로 예술 전체(그들의 천재성과 재능에 대한 철저한 비판과 함께)가 바로 작품의 의미를 담고 있다.

12. 이것은 한편으로 경제 혁명(사회적 필요를 지향하는 계획), 정치 혁명(국가 기구의 민주적 통제와 일반화된 자기관리)과 더불어 영구적인 문화 혁명을 실현한다.

전체 혁명의 여러 분야는 도시 전략(선진적이고 계획적인 산업화를 기반으로 도시 사회를 실현하려는 혁명적 개혁)과 산업화를 통해 전통적인 농민 생활을 개선하려는 전략처럼 공존할 수 있다. 더 나아가 오늘날 대부분 국가에서 도시 사회를 실현하려면 농업 개혁과 산업화가 필요하다. 그리고 전 세계적인 공동 전선을 형성할 수 있다는 사실에도 의심의 여지가 없다. 하지만 오늘날에는 그것이 불가능하다는 사실 또한 확실하다. 이 유토피아는 자주 그랬듯이 '가능-불가능'을 조망한다. 불행인지 다행인지, 역사와 사회적 실천의 시대는 철학의 시대와 다르다. 돌이킬 수 없는 것을 생산하지 않는다고 해도, 고치기 어려운 것을 생산할 수는 있다. 마르크스는 인류가 스스로 해결할 수 있는 문제만을 제기한다고 했다. 누군가는 오늘날 사람들이 스스로 해결할 수 없는 문제만을 일으킨다고 말한다. 그들은 이성을 부정한다. 그래도 해결하기 쉽고, 바로 저기, 매우 가까운 곳에 해결책이 있으며, 사람들 자신이 제기하지 않는 문제가 있을 수 있다.

1967년 파리 (『자본론』 100주년)

도시적 삶에서 행복을 되찾기를

현대 사회를 사는 우리는 다양한 권리를 누린다. 그중에는 생명권이나 평등권처럼 비교적 오래된 권리가 있는가 하면, 행복 추구권이나 노동 인권처럼 시민이 최근에 확보한 것도 있다. 이 책에서 저자는 '도시에 대한 권리'라는, 다소 생소한 권리를 말한다. 도심에 땅 한 평 소유하기 어려운 오늘날 상황에서 우리가 도시에 요구할 수 있는 권리가 있다니, 얼핏 이해하기 어렵다.

도시에 대한 권리는 '도시에 사는 사람이 계층, 성별, 직업, 재산 수준과 상관없이 인간답게 거주하고, 도시의 사회문화적 가치를 향유하며, 더 나아가 도시 행정에 참여할 권리'를 말한다. 최근에 우리나라에서도 다양한 연구가 진행되고, 그 결과가 도시 행정에 적용되기 시작했지만, 서유럽, 미국, 중남미 국가에서는 급격한 도시화로 사회 문제가 드러나기 시작한 70년

대부터 '도시권'에 대한 개념이 확산하고 활발하게 논의돼 왔다. 그 배경에 1968년 출간된 앙리 르페브르의 『도시에 대한 권리』가 있다고 해도 과언이 아닐 것이다.

앙리 르페브르는 현대 프랑스의 철학자이자 참여 사회학자이다. '일상의 철학자'라는 별명이 말해주듯이 '현대 사회의 일상생활'에 관한 연구로 잘 알려졌지만, 그의 생애를 보면 '비주류 철학자'라고 부르는 편이 더 적합할 듯하다. 생업으로 택시 운전을 하면서 소르본대학에서 사회학을 공부한 그는 당시 주류를 이루던 파리 고등사범학교 출신 엘리트 철학자들과 거리를 두고, 그들과 결이 다른 관점에서 사회를 관찰하며 광범위하게 연구를 계속했다. 또한, 마르크스주의 철학자로서 프랑스 공산당(PCF)에 가입해 활발하게 활동했다가도 당의 주요 정책을 비판했다가 퇴출당하는 등 철저하게 비주류의 삶을 살았다. 기득권 체제에 순응하지 않고 늘 비판적이었던 그의 비주류 시각은 그가 당시 교수로 있던 낭테르 대학에서 촉발된 68년 학생운동에 영향을 미쳤고, 같은 해에 탈고한 그의 저서 『도시에 대한 권리』에도 고스란히 담겼다.

칼 마르크스의 『자본론』 100주년을 맞아 쓴 이 책에서 그는 단순히 변증법적 유물론의 관점에서 자본주의 산업화 이후의 도시를 비판할 뿐 아니라 '상품' 혹은 '기능'으로 전락해버린 도시가 갖췄던 '사회적 상호 작용의 공간'으로서의 가치를 복원할 것과 그것을 요구할 권리가 도시 거주민에게 있음을 강조한다. 도시화에서 비롯한 부정적인 현실에도, 도시를 여전히 창의성과 진보의 공간으로 바라보는 그에게서 많은 이가 이상주의자의 면모를 보기도 한다.

이 책을 우리말로 옮기면서 고대부터 현재까지 보편 개념으로서 '도시(ville)'와 근대의 산업화 시기 이후 '도시화(urbanisation)'를 통해 나타난 '도시(urbain)'라는 개념을 대신할 표현을 찾기가 쉽지 않았다. 저자가 의도적으로 두 단어를 구분했기에 옮긴 글에서도 다소 고답적으로 보이는 표현이지만 '도회지(都會地)'를 도시화 이후 도시를 지칭하는 개념으로 제시했다. 옮긴이의 지식이 빈약하여 건축 외에도 철학, 사회, 역사를 아우르는 저서의 행간에 숨은 뜻을 이해하고자 얕게나마 학습의 기회를 얻었고, 그 내용을 역주에 삽입해 독자의 이해를 돕고자 했다.

시민이 도시에서 사는 기쁨이나 행복보다는 부동산 개발을 통한 이득을 목표로 도시적 삶 자체를 파괴하는 개발지상주의에 물든 오늘날 우리 사회를 성찰하고, 시민이 도시에서 온전히 살아갈 권리를 스스로 되찾는 데 이 책이 작은 도움이 라도 되기를 바란다.

2024년 4월
역자 곽나연

출간에 도움을 주신 분들께 감사드립니다.

Jaehoon Roh PRESSPOST zeist 강경민 강다은 고영호 구본선 권영우 권오상
권용신 김도연 김서원아빠 김선우 김선희 김세영 김수경 김운효 김재민이 김정훈
김주인 김지우 김화랑 깃 노원일 다정 문세진 이윤화 박근희 박선일 박소예
박용숙 박형준 방유경 방유미 백동현 서동규 서동민 서병헌 서은화 서지민
소준철 손민석 신채현 심재수 안동섭 안분훈 양경언 오학준 유효민 윤다은
윤성호 윤형조 이나연 이동훈 이선 이선재 이연경 이은미 이정우 이중희 이효주
임시헌 전영준 전혜수 정다혜 정민기 정소영 정재룡 정하윤 정현구 정현기 조유나
조재현(하준) 조지은 존골트 좌동 이성호 지성일 책곳이 최승원 최영미 최찬규
최한솔 최혁규 최희주 폴터가이스트 필름리듬

도시에 대한 권리

1판 1쇄 발행일 2024년 6월 15일

글쓴이 | 앙리 르페브르
옮긴이 | 곽나연
편집주간 | 이나무
펴낸이 | 김문영
펴낸곳 | 이숲
등록 | 2008년 3월 28일 제301-2008-086호
주소 | 경기도 파주시 산남로107번길 86-17, 79호
전화 | 031-947-5580
팩스 | 02-6442-5581
홈페이지 | http://www.esoope.com
인스타그램 | @esoop_publishing
Email | esoope@naver.com
ISBN | 979-11-91131-72-7 03330
ⓒ 이숲, 2024, printed in Korea.